现代军事人物

上海市国防教育协会　主编

上海远东出版社

图书在版编目（CIP）数据

现代军事人物/上海市国防教育协会主编. -- 上海：
上海远东出版社，2023
ISBN 978-7-5476-1682-6

Ⅰ.①现… Ⅱ.①上… Ⅲ.①军人－生平事迹－世界
－现代 Ⅳ.①K815.2

中国国家版本馆CIP数据核字（2023）第028494号

责任编辑　曹　建　陈　娟
封面设计　叶青峰

现代军事人物

上海市国防教育协会　主编
严建平　张黎明　策划
吴　健　钱　卫　选编

出　　版　上海远东出版社
　　　　　　（201101　上海市闵行区号景路159弄C座）
发　　行　上海人民出版社发行中心
印　　刷　上海信老印刷厂
开　　本　710×1000　1/16
印　　张　15.5
字　　数　253,000
版　　次　2023年2月第1版
印　　次　2023年2月第1次印刷
ISBN 978-7-5476-1682-6/E · 16
定　　价　58.00元

目录

现代军事人物

上 ｜ 绍伊古
右 ｜ 绍伊古陪同普京总统观摩俄军演习

"战狼"防长敢对美欧亮"肌肉"

记俄罗斯联邦国防部长
谢尔盖·绍伊古

文 — 雷炎

俗话说："一只狼指挥的一群羊，能打败一只羊指挥的一群狼。"而要是"狼指挥狼"，那战斗力恐怕就"盖了帽"了。统领百万俄军的俄罗斯国防部长谢尔盖·绍伊古就是一头不折不扣的"战狼"。在这几年的俄罗斯重大海外军事行动中，谢尔盖·绍伊古都扮演了"中流砥柱"的角色，让有"硬汉"之称的俄联邦总统普京也赞叹不已。

突击检查战备能力

尽管谢尔盖·绍伊古坐上防长位置没几年，但俄军官兵普遍感到他是个不苟言笑且意志坚定的人物，想得到他的称赞，就必须干出实绩，否则只会受到呵斥乃至罢职。例如索契冬奥会尚未结束之际，绍伊古突然抵达远东地区视察战备，就让一些"混日子"的军官措手不及。

据俄媒体披露，2014年2月10日，绍伊古在俄东方军区司令苏罗维金上将和太平洋舰队司令阿瓦基扬茨海军中将陪同下，首先来到堪察加半岛，视察兴建中的维柳钦斯克潜艇基地，视察中他要求基地配套设施建设必须"不折不扣地按照进度表执行"。第二天，绍伊古又来到太平洋舰队总部，视察驻乌利斯港的水面舰艇大队和太平洋海军学院。在太平洋海军学院附属总统武备学校的建筑工地上，绍伊古看到工程尚处于丈量土地阶段且基建设备四处散落，对此他大为不满，并批评院方"不要装样子"。按计划，新建的六所青少年武备学校应于2014年9月建成，普京会出席落成典礼，工程进度缓慢让绍伊古大动肝火。

2月12日，绍伊古访问阿穆尔河畔共青城的两家军工企业——加加林航空制造联合体和阿穆尔造船厂。在加加林航空制造联合体，绍伊古出席了12架苏-35S的交付仪式，盛赞"苏-35S的性能优于国外同类产品"，并观看了飞行演示。

阿穆尔造船厂"干活不卖力"则让绍伊古极为不满，他直言该厂"应采取三班倒的生产模式，而不是一个工位只安排一个班组"。他责令陪同视察的东方军区司令和太平洋舰队司令严格监督该厂的生产进度，并定期向总参谋部指挥中心汇报情况。

离开东方军区后不久，绍伊古又向快速反应部队司令部麾下的空降兵以及波罗的海舰队、北方舰队的海军步兵分队下达突击战备检查命令，实际测试部队的勤务能力。此次检查分为两个阶段：2月26日和27日在跨兵种靶场和海上靶场进行高战备等级状态下的战备检查，2月28日至3月3日进行战役战术演习。绍伊古强调，演习不针对特定第三方。但西方舆论普遍认为，俄罗斯此举是向插手乌克兰事务的美国和欧盟"亮肌肉"，避免乌克兰彻底落入战略对手的手中。

"救援队员"绍伊古

绍伊古本不是军人出身，却有着军人般的坚定与狠劲儿。1977年他从克拉斯诺亚尔斯克理工学院毕业后，一直从事重大国防工程建设项目，贝加尔-阿穆尔大铁路工地、新西伯利亚洲际导弹阵地、乌克兰卡战略轰炸机保障基地等项目都留下了他的足迹。也许是因为他具有在荒凉地区兴建大型国防和基础设施的丰富经验，绍伊古30来岁时就成为一家专门承担急难险重任务的国营公司领导。1990—1991年，绍伊古担任国家建筑建设委员会副会长。1991年4月，他成为俄罗斯救援队指挥官，后来成为俄罗斯联邦民防、紧急情况和消除灾难后果事务委员会负责人。1992年，在奥塞梯-印古什冲突中，他被任命为北奥塞梯和印古什的临时行政长官。1994年1月，绍伊古被任命为俄罗斯联邦紧急情况部部长。

实际上，绍伊古的紧急情况部部长生涯基本与新俄罗斯的历史等长，正是他将以前分散的一些承担救灾、抢险、灭火等急难险重任务的部门组合打造成了一个全新的紧急情况部。在苏联解体后的一些冲突事件和热点地区，紧急情况部承担着难民安置、物资运送、排雷等重要任务，以至于许多人将绍伊古称为"国家主要救援队员"。

据报道，经过18年的耕耘，俄联邦紧急情况部由一个在莫斯科市内仅一间办公室加几个人规模的小机关，发展为拥有 30 万员工的大机构。该部门拥有三万余件专业装备，包括最现代化的灭火设备、气垫船、各种机器人等。该部门不仅拥有工兵、防生化专家、心理专家等各行业专业人士，也拥有民防部队这样的准军事组织，还包括矿山救援、科研中心和教育机构等部门。由于其卓越的功绩，绍伊古于 1999 年获得"俄罗斯英雄"称号，并在 2003 年获得将军头衔。2012 年 11 月 6 日，普京总统解除俄国防部长谢尔久科夫的职务，改由绍伊古接任，揭开了"俄军新时代"的序幕。

专家指出，绍伊古时代的俄军改革采取了一系列大刀阔斧式的改革措施，属于较为激进的方式。绍伊古认为，对于阻力巨大的军事改革，指望一步步推进只能一事无成，因为在执行时会被大打折扣，只能先一步到位甚至越位，再进行回调。

事实上，俄军改革往往充满"简单粗暴"的风格。一名绍伊古身边的参谋军官坦言："政府要求军队尽快走出'大而不强'的状态，因此只能在没有足够科学论证的情况下进行彻底改革。"由于改革设计者的自身局限性，改革规划必然存在漏洞和缺陷。例如，俄国防部一度把西方国家军队 12%～15% 的军官比例作为改革目标，结果发现不够用后又紧急追加 7 万军官编制。总之，绍伊古认为尽善尽美的改革路线过去没有，将来也不可能有，今后俄武装力量会遇到各种各样的"紧急情况"，必须依靠更坚定的"强人"去应对。

格拉乔夫

文
——
萧
萧

"我最大错误就是同意去当国防部长"

记俄罗斯前国防部长
格拉乔夫大将

2012年9月23日，在1991年"八一九事件"中率先倒戈，改变了苏联命运的俄前国防部长格拉乔夫大将去世，享年64岁。

曾是"魔鬼中的魔鬼"

1948年元旦，帕维尔·谢尔盖耶维奇·格拉乔夫出生在图拉州耳瓦村。1969年，他从梁赞空降兵高等指挥学校毕业，随后历任空降兵部队的排长、

现代军事人物

营长等职。1978年他进入伏龙芝军事学院学习并于1981年毕业，同年进入阿富汗战场作战。在阿富汗战场，他历任独立第345空降团副团长、团长，随后于1983年回国担任近卫第7空降师副师长，1985年格拉乔夫以近卫第103空降师师长的身份重返阿富汗战场，直到1988年回国。1988年5月，格拉乔夫被授予"苏联英雄"称号。

正是这段充满战火硝烟的经历，让格拉乔夫成为军界红人。在阿富汗打过仗的苏联老兵都清楚，能从那里活下来的人都是"魔鬼"，而格拉乔夫无疑是"魔鬼中的魔鬼"。由于作战凶狠，以至于反苏"圣战者"们开出高价要他的脑袋。在一次战斗中，格拉乔夫率领50人的分队，乘直升机空降阿富汗抵抗运动势力的腹地，占领了一处巨大的军火库。当战况报到国防部时，部长索科洛夫元帅不相信，命令把现场照片寄过来，这才明白格拉乔夫打得真漂亮，因为"军火库里有足够供给一个师的装备"。后来，在索科洛夫元帅收到的许多报告里，也经常出现格拉乔夫的名字。

有意思的是，俄老兵协会里至今都流传着有关格拉乔夫的传说。比如，格拉乔夫当第103师师长时，有一次亲自带着突击队与阿富汗军队协同作战。负责掩护的直升机突然通报说，"圣战者"正在前面设埋伏。格拉乔夫只有两个选择：率部尽快从前面突击出去或与后面的阿军一起退回。但如果苏军快速突击，就会丢下跟随的阿军。对格拉乔夫来说，保住自己的部下最重要。于是他带着突击队一阵猛冲猛打，毫发无损地跳出了圈套，随后的阿军却被"圣战者"劫住，几乎全军覆没。

1988年，格拉乔夫奉命前往总参军事学院深造。在告别晚会上，喝得酩酊大醉的士兵们吼叫着："我们的指挥员，大家跟着你前进！"

"八一九"期间的关键人物

总参军事学院是个镀金的地方，经过两年的学习，格拉乔夫被擢升为苏联空降兵第一副司令，不久后又成为苏联空降兵司令。没有人表示异议，因为这是他拿命挣来的。

后来，格拉乔夫被当时的俄联邦政府首脑叶利钦拉进了不受苏联中央政府承认的"俄联邦国家防务问题委员会"。1991年的"八一九事件"发生后，掌

车臣战争时期的俄军

握重兵的格拉乔夫在叶利钦的授意下第一个倒戈，导致"八一九事件"以失败告终。恢复权力的戈尔巴乔夫委任格拉乔夫为苏联国防部副部长，代行部长职权，他的军衔也由中将晋升为上将。苏联解体后，俄联邦开始在旧武装力量的基础上组建新军，当时的总统叶利钦对格拉乔夫信任有加，一切军务都委派他处理，而格拉乔夫也坚决奉行总统的意志，全力消除军队中的"苏联痕迹"。

1992年6月18日，44岁的格拉乔夫成为俄联邦国防部长，并晋升为大将。记者们赞赏地看着他，而老将军们却觉得这位连跳几级的新部长"就像猫爬上了篱笆"。然而，怀疑和抗议都是徒劳的，格拉乔夫已经在国防部大楼里发号施令了，他还把早年在阿富汗打仗的许多战友拉进了国防部高层。

面临复杂局势的防长

1993年10月，叶利钦与国家杜马的关系急剧恶化，以议长和副总统为首的反对派占据了国家杜马所在地——白宫，摆出不把叶利钦赶下台不罢休的架势。叶利钦决心武力解决危机，但格拉乔夫的国防部却"失灵"了，原来他的智囊提醒他，最好要有书面命令，以免"秋后算账"。格拉乔夫的拖延急坏了叶利钦，他跑到国防部，质问为什么不行动，格拉乔夫吞吞吐吐地说："您授权我在莫斯科动用坦克吗？"后来，格拉乔夫拿到了书面命令，随即动用坦克和部队进攻白宫，死伤数百人。此后，格拉乔夫便成了千夫所指，他越是辩白，越是深陷泥潭。原因很简单，命令里只有"委托部长同志从武装分子手中解放白宫"，完全没有提到"动武"乃至"开火"。

1994 年 11 月 29 日，叶利钦向谋求独立的车臣总统杜达耶夫下达最后通牒，要求其自行解除武装。遭到拒绝后，叶利钦要求俄军在两周内做好进攻准备，但他的命令遭到俄军元老的一致反对，因为部队无法及时完成战备。可是，格拉乔夫却乐观地认为攻打车臣"不过是一次武装游行"。在格拉乔夫的严令下，俄军总参谋部制定了一份"浪漫"的作战计划。

1994 年 12 月，第一次车臣战争爆发，结果俄军在进入格罗兹尼时陷入"巷战陷阱"之中，损失了大量坦克和士兵。这一"新年大溃败"在俄罗斯内掀起问责的轩然大波，格拉乔夫却多次强调自己是最高领导人意志的执行者，言下之意，克里姆林宫应该负主要责任。1996 年，为了笼络政坛"黑马"列别德，正谋求第二个总统任期的叶利钦决定罢免格拉乔夫。

1997 年 2 月 23 日，一名记者问格拉乔夫："您觉得过去犯了什么错误，以至于那么多人反对您？"他的回答是："我的第一个也是最大的错误就是同意去当国防部长。"

2012 年 9 月 12 日，格拉乔夫突发急性脑膜炎，23 日，因抢救无效逝世。

РАКЕТНЫХ

АРТИЛЛЕРИЙСКИХ НАУК

ДЕЕ

12 г.

鲍里索夫

"军工掌门人" 推进军备现代化

记俄国防部副部长
尤里·伊万诺维奇·鲍里索夫

文 — 雷炎

近年来，由于国际石油价格大幅下跌及西方国家实施的经济制裁，俄罗斯卢布大幅贬值，国内经济面临危机，这一形势难免会对俄罗斯的军备建设产生不良影响。作为"2011—2020年国家军备计划"的具体执行者，主管军工领域的俄国防部副部长鲍里索夫深知当前形势的紧迫性，他既要保证军队国防订货总体稳定，又要应对西方制裁和预算赤字所带来的消极影响，着实有些"左支右绌"。

虽有麻烦但能应付

2015年3月22日，鲍里索夫接受了记者采访。当被问及俄政府2014年向军事部门拨款是否遇到困难时，鲍里索夫出人意料地给出否定的回答。按他的说法，2014年俄政府拨给国防部的资金是2013年的1.25倍，装备的订购量达到1.65倍。2014年，国防部按计划向数千家单位下了订单，相关资金也全额拨付，只是由于一些客观原因（例如部分国家因乌克兰危机拒绝向俄出口零件），有些企业未能完成任务，但2014年的俄国防订单仍完成了95%。

不过，鲍里索夫同时承认俄罗斯在经济和外交领域存在困难，并给军队建设带来巨大压力。由于西方国家拒绝履行俄罗斯已支付货款的合同，俄军订购的一些武器平台被扣留。乌克兰也切断了对俄出售军事装备的零部件（如军用直升机所需的涡轴发动机），并拒绝提供技术保障。幸运的是，俄罗斯克里莫夫设计局几年前就已开始研制替代产品，俄国产发动机很快就能满足需求。

在经费使用方面，鲍里索夫暗示国防部与财政部有"一些分歧"。此前，俄财政部长西卢阿诺夫警告称，预算达5 000亿美元的"2011—2020年国家军备计划"（"GPV-2020"计划）存在风险，如果经济环境进一步恶化，俄罗斯有可能无法承受目前的军费开支水平。更难办的是，国防部正试图要求财政部支持另一项规模庞大的"2016—2025年国防计划"。西卢阿诺夫认为，国防计划应该更符合现实环境。

尽管有预算压力，但鲍里索夫坚持国防部有理由获得优先拨款，因为"外部威胁达到了新的高度"。鲍里索夫强调，"GPV-2020"计划绝不会取消或暂停，俄军必将在2020年前完成对70%装备的更新。

俄军工企业

执掌军工　重拳反腐

1978 年，尤里·伊万诺维奇·鲍里索夫从国土防空军普希金高等无线电指挥学校毕业，进入地空导弹部队担任雷达军官，曾获得"为国服役三级勋章"等多种奖章。后来，鲍里索夫前往莫斯科国立大学深造，并于 1985 年获得技术科学博士学位。1998 年退伍后，鲍里索夫被任命为"模数"科学技术中心股份公司总经理。2004 年，鲍里索夫被调入工业署，任电子工业与控制系统局局长，三年后成为工业署副署长。2008 年 7 月，鲍里索夫出任工业与贸易部副部长。2011 年 3 月，时任俄政府总理的普京签署命令，任命鲍里索夫为军事工业委员会第一副主席。2012 年 11 月，再次担任总统的普京任命鲍里索夫为国防部副部长，主管装备采购和军工生产。

鲍里索夫来到国防部的时候，正值老部长谢尔久科夫的贪污案东窗事发，部门上下人心惶惶。调查发现，谢尔久科夫 2008 年打着军事改革旗号成立的国防服务公司存在贱卖军产、收受贿赂、鲸吞国家财产等严重问题，涉案金额

　　　　　　　　　　　　　　　　　　　　　　　　　　　　现代军事人物

高达 30 亿卢布。

　　鲍里索夫上任后，对国防服务公司展开长达一年半的调查。调查发现该公司的人员数量超编两倍，达到 13 万人，同时该公司还招揽了大量中间商和服务公司。经过认真分析，鲍里索夫建议对该公司进行为期三年的改组，精简机构，提高效率。虽然国防服务公司的子公司超过 300 个，利益牵扯众多，但鲍里索夫坚持"裁弱留强，弃支留干"，大量与军事业务无关的子公司被移交给工业与贸易部，或改为自主经营，确保国防服务公司真正服务于国防事业。

修订计划　欲做加法

　　据与鲍里索夫关系密切的俄国防部官员透露，目前俄军换装有六个优先方向：利用最新科技，研制新型技术兵器；为各军兵种成套列装新武器新装备；在所有指挥层级上建立统一的陆军自动化侦察情报保障体系；武器装备多用途化和构造模块化；大量应用包括无人机在内的机器人系统；研制能最大限度发挥士兵专业能力的智能化装备。

　　按照上述要求，俄国防部在确保完成"GPV-2020"计划的同时，对"2016—2025 年国防计划"进行修正，力求为部队提供最具作战效能的装备。鲍里索夫曾透露，新计划将大批量采购全新陆军装备，如"阿尔玛塔"主战坦克、"回旋镖"轮式装甲车、"库尔干人-25"履带式步兵战车和"台风"系列装甲车。这些装备在研制过程中就突出部件标准化、构造模块化以及内部开放式电子系统框架要求，这样既能简化后勤保障又有利于研制衍生装备。

　　鲍里索夫还抨击了俄国内有关国防部总是采购落后军品的声音，称"俄罗斯的军事研发处于世界先进水平，在许多领域占据绝对领先地位，防空武器、炮兵武器和导弹武器都优于大多数国外同类装备"。

　　鲍里索夫特别强调，"GPV-2020"计划所追求的俄军现代化武器比例达到 70% 是有"充分科学依据"的。根据各国经验：军队配备的现代化武器装备只有达到 60%～80% 才被视为具有战斗力，而俄军在 2011 年的现代化装备比例仅有 20%～25%，因此俄国防部订货"只能增，不能减"。尽管财政部颇有微词，但为了国家安全，这种付出是十分必要的。

俄陆军总司令萨留科夫

文
—
雷
炎

"老装甲兵" 出掌陆军调整军改

记俄陆军总司令
奥列格·萨留科夫上将

　　2014 年 6 月 12 日，乌克兰指责有俄罗斯坦克和军事车辆越过边界进入乌克兰境内。随后，俄外交部发布公告称，乌克兰战机和步兵战车多次侵犯俄边境。在呈长期化的乌克兰危机中，俄罗斯的角色举足轻重，而屯驻在边境地区的数万俄陆军部队无疑是一大威慑力量。这也使得 2014 年 5 月上任的俄陆军总司令奥列格·列昂尼多维奇·萨留科夫上将极受关注。

"意外"受命，得到重用

据俄罗斯《观点报》介绍，萨留科夫原本是俄武装力量副总参谋长，他出任陆军总司令颇有些"意外"成分。2014 年 5 月 2 日，正在北高加索检查南部军区战备的萨留科夫突然接到国防部长绍伊古的指令，要他就地参加电视电话会议。就在这次会议上，绍伊古宣读了普京签署的第 291 号总统令，由萨留科夫出任空缺超过 120 天的陆军总司令。

这里有个细节颇让人疑惑，素以"大陆军主义"闻名的俄罗斯，为何让陆军主官的职位空缺长达四个月？其实，这要归咎于原陆军司令弗拉基米尔·奇尔金上将的"不检点"：2013 年底，俄军事调查总局对南部军区总参谋长和第 58 集团军司令滥用职权的指控展开刑事调查，查出两人非法借调大批军人从事贸易活动，为掩盖这些人不在部队的事实，他们还给被派走的军人填写休假或出差的虚假材料。军事调查总局继续深挖后发现，弗拉基米尔·奇尔金上将竟也与这一丑闻有牵连。

震怒的普京撤销了奇尔金的职务，并在全军开展反腐运动。陆军总司令空缺数月应该是为了让国防部有足够时间考察接任人选。最终，萨留科夫在国防部的考察中胜出。似乎是为了表达对萨留科夫的支持和信任，普京还任命他担任 5 月 9 日莫斯科红场阅兵的总指挥。

勤勤恳恳，不怕"流放"

翻看萨留科夫的履历就会发现，在相当长的时间里，他工作在不受重视的地区，甚至有某种被"流放"的味道，在苏联解体后更是如此。

1955 年 5 月 21 日，萨留科夫出生在伏尔加河下游的萨拉托夫市。这个港口城市西去不远就是乌克兰大平原，自古就是兵家必争的交通枢纽，当地有不少兵营、空军机场和少年军校。特别是附近的恩格斯机场是苏联远程航空兵的大本营，北约称为"熊"的图-95 战略轰炸机经常从萨留科夫的头顶上飞过。

也许正是这种震撼，让孩提时代的萨留科夫树立了投身军旅的志向。

　　1977 年，22 岁的萨留科夫从乌里扬诺夫斯克近卫高等坦克指挥学校毕业，因成绩优秀，获得金质奖章，之后他进入基辅军区的坦克部队服役，历任排长、连长、营参谋长、营长。据当年的战友回忆，萨留科夫是个肯吃苦的坦克兵，他经常操作的苏制 T-64 主战坦克车体设计较矮，带来的结果是内部空间狭小，即便是那些小个子士兵都不愿意长时间呆在坦克里，而身材魁梧的萨留科夫却能连续数小时呆在坦克里进行训练。在一次演习中，萨留科夫所指挥的坦克分队巧妙穿插到"蓝军"的纵深地带，捣毁其后方兵站和导弹阵地，获得演习导演单位的好评。

　　1982—1985 年，萨留科夫作为杰出军官被安排到装甲兵学院深造，毕业后直接到莫斯科军区担任坦克教导团副团长，之后又担任坦克团团长、近卫坦克师副师长。1994—1996 年，萨留科夫进入俄军总参军事学院受训，如无意外，未来仕途一片坦途。然而，1997 年，拥有丰富带兵经验的萨留科夫没能留在俄军中枢，反而被派往远东军区，历任师长、集团军参谋长、军长、军区副司令。当时正值俄罗斯经济最困难的时期，远东驻军甚至经常发不出薪水，一些军官宁愿去车臣前线，也不愿意留在那里，萨留科夫却在远东干了十几年。

　　调整编制，重视转型

　　2005 年，萨留科夫被任命为远东军区参谋长。2008 年，他出任重组后的东部军区司令。2010 年，他出任俄军副总参谋长，协助实施了诸多军事改革项目，受到总统和国防部长的肯定和表彰。

　　分析人士认为，萨留科夫担任俄陆军总司令后，将会对之前的激进军改方案进行调整，在主要战略方向上部署更多师级部队。在谢尔久科夫主政俄国防部期间，推行激进的改革计划，把除了战略火箭兵和空降兵之外其他军兵种的所有师级编制都缩编为旅，目的是提高机动作战能力，但这一改革在陆军方面产生了负面效应——旅级部队的兵力难以满足国土防御的需要。更糟糕的是，大量有经验的军官被迫退役，部队战力缩水。事实上，在萨留科夫担任副总参谋长期间，俄陆军就已开始调整部队编成，最精锐的独立塔曼第 5 摩托化步兵旅和近卫第4坦克旅都悄然改回师级编制。

　　实际上，萨留科夫非常重视陆军转型中的编制调整。在总参谋部任职时，他就在借鉴演习演练经验的基础上，推动陆军特殊兵种以原有部队和兵团为框架，组建新的炮兵旅、火箭炮兵旅和导弹旅。需要指出的是，这些旅级部队全是"常备部队"。萨留科夫还十分关注陆军信息化建设，曾亲自督导开发"侦察－指挥－保障"一体化的自动化指挥系统。他甚至认为"战役、战术和战略自动化指挥系统"关系到俄陆军未来能否有效完成作战使命。按照俄陆军总部提出的要求，未来俄军指挥官只需在显示战场态势的计算机上点击鼠标，就能下达作战指令，由前线部队迅速完成打击任务。

伊斯特拉科夫

文
—
雷
炎

"标准军人"致力推动陆军现代化

记俄陆军参谋长兼陆军第一副司令
伊斯特拉科夫上将

　　尽管受到国际能源价格下跌和西方制裁的影响,俄罗斯的经济遭遇困境,但俄政府仍然坚持推进"2020年前国家军备计划"。据《简氏防务周刊》报道,有"钢铁洪流"之称的俄罗斯陆军是目前俄武装力量中装备现代化指数最高的军种。不过,仅仅依靠更新装备和改善人员待遇等措施并不足以保证俄军的战斗力,保证军队的战斗力还需要有锐意进取的高级指挥员,俄罗斯陆军参谋长兼陆军第一副司令谢尔盖·尤里耶维奇·伊斯特拉科夫中将就是其中的佼佼者。

千里奔袭夺机场

伊斯特拉科夫 1959 年 2 月 5 日出生在加里宁格勒州的切尔尼亚霍夫斯克。1978 年，他进入巴金斯克诸兵种高等指挥学校，毕业后加入空降兵部队。入伍后，他从排长干到营长，主要服役于喀尔巴阡军区（今属乌克兰）。1990—1992 年，伊斯特拉科夫进入莫斯科伏龙芝军事学院（今俄武装力量诸兵种合成学院）学习，毕业后返回空降兵部队，先后担任副团长、团长、副师长和旅长职务。在此期间，伊斯特拉科夫写下了自己军旅生涯最浓墨重彩的一笔——袭占普里什蒂纳机场。

据俄罗斯《绝密》杂志报道，1999 年 6 月，担任俄联邦驻波黑维和部队空降团团长的伊斯特拉科夫突然接到先遣部队司令扎瓦尔津将军的密令：由于遭受北约的高强度空袭，南联盟已被迫同意从科索沃地区撤军，但南联盟也与俄罗斯达成秘密协定，同意安排驻波黑的俄空降兵前往科索沃首府普里什蒂纳，抢占那里的机场（机场内的地堡中储藏有大批军需物资）。6 月 12 日凌晨，伊斯特拉科夫率 200 名空降兵和 40 辆 BTR-80 装甲车沿着南联盟让出的通道，经克拉古耶瓦茨、阿列克辛涅茨、尼什直扑 500 千米外的普里什蒂纳，经过 7.5 小时的急行军，抢先夺占机场。最终，落后一步的英军只在机场南部得到俄军象征性让出的一小块区域。这一行动让伊斯特拉科夫声名鹊起。

同僚眼中"标准军人"

2000 年，伊斯特拉科夫被保送进入总参军事学院深造，毕业后担任独立第 205 摩步旅旅长，两年后又升任近卫第 20 摩步师师长。2006 年，伊斯特拉科夫被任命为第 58 集团军参谋长兼副军长。当时，该集团军驻扎在北高加索军区，承担着打击车臣武装分子的任务，并威慑格鲁吉亚。同年 10 月，格鲁吉亚安全部门以涉嫌从事间谍活动为由，逮捕数名驻格俄军军官，还包围位于第比利斯市内的俄军驻北高加索集群司令部。伊斯特拉科夫按照俄国防部的要求，一方面依法与格方交涉，另一方面下令驻阿布哈兹、南奥塞梯和北奥塞梯的俄军提高戒备等级。俄国防部下令撤出所有驻格军事机构后，伊斯特拉科夫又亲赴第比利斯，指挥后卫部队掩护所有人员和敏感物资撤回北奥塞梯共和国首府。

2008 年 8 月，格鲁吉亚向受俄军保护的南奥塞梯发起进攻，伊斯特拉科夫在第 58 集团军军长赫鲁列夫负伤后接替指挥，迅速击溃格军主力。之后，伊斯特拉科夫又先后担任新西伯利亚诸兵种合成集团军军长和西伯利亚军区副司令。在担任军区副司令期间，伊斯特拉科夫主动受领国防部的"改革试验"任务，积极推行士官选拔制度，并在梁赞建立了一个培训基地。在伊斯特拉科夫的主持下，该培训基地第一年就择优招收了 450 名士官，为军区培训了一批专业士官。这些士官在培训期间每月可领津贴 1.5 万～2 万卢布，毕业后每月收入至少 3.5 万卢布，此外，还有各种补助，对士兵们非常有吸引力。2010 年，俄军组建中央军区（由西伯利亚军区和伏尔加河沿岸－乌拉尔军区合并而成），伊斯特拉科夫担任副司令。

在同僚眼中，伊斯特拉科夫不仅是优秀的指挥员，也是以身作则的"标准军人"。在 2011 年 7 月的一次体能测试中，中央军区有 8% 的军人没能通过测试，52 岁的伊斯特拉科夫却取得了优秀的成绩。

查找"短板"严格治军

2013 年 4 月，伊斯特拉科夫升任陆军参谋长。同年 12 月，俄陆军总司令弗拉基米尔·奇尔金因涉嫌受贿被免职，伊斯特拉科夫被任命为临时代理总司令。2014 年 5 月 2 日，奥列格·萨留科夫上将被任命为陆军总司令后，伊斯特拉科夫被安排兼任陆军第一副司令。2015 年 2 月 21 日，伊斯特拉科夫被授予上将军衔。

俄《军火库》杂志主编穆拉霍夫斯基指出，近年来，俄军高层对高级作战指挥人才非常重视。凭借历次参战的良好表现，伊斯特拉科夫的顺利升迁很好理解。伊斯特拉科夫本人的指挥能力也确实比较强，他非常清楚如何将部队从一个战区投送到另一个战区，以及如何选择合适的投送时机。例如在 2013 年 7 月 13 日至 20 日，东部军区和中央军区的 16 万俄军接受战备突击检查，伊斯特拉科夫坐镇叶卡捷琳堡，组织和领导部队投送行动。仅前三天，俄军空中投送兵力的最大距离就达 7 000 千米，铁路投送兵力的最大距离超过 4 000 千米（动用超过 1 000 节车皮），机械化地面行军的最大距离达 1 100 千米。然而，伊斯特拉科夫对此只给出"及格"的评价。

伊斯特拉科夫曾向《红星报》表示，多谈俄军成绩没有必要，他更希望从演习中查找"系统性不足"，从而确保国家安全。他还明确指出俄军的多个"短板"，如部队值班人员使用自动化指挥系统的技能普遍较弱；坦克兵与步兵战车班组使用车载武器的能力普遍不高；装备在野外执行任务时故障率偏高；许多新装备不符合军方要求等等。伊斯特拉科夫认为，对于军队而言不存在突发情况，或者说突发情况才是正常情况，必须达到"一小时完成战备"才能让对手感到敬畏。

邦达列夫

文 — 雷炎

驾"白天鹅"掠过红场上空的飞将军

记俄空军总司令
维克多·尼古拉耶维奇·邦达列夫上将

2015 年 4 月 25 日，时任俄空军总司令邦达列夫上将透露，在 5 月 9 日红场阅兵中，他会亲自驾驶有"白天鹅"之称的图－160 战略轰炸机打头阵。消息传出后，引起了外界的广泛关注。据俄《红星报》介绍，自邦达列夫担任空军总司令以来，俄空军装备发展进入"快车道"。可以毫不夸张地说，俄军现有的军兵种里，邦达列夫领导下的空军是武器完好率和战备水平最高的军种。

"俄罗斯英雄"称号

维克多·尼古拉耶维奇·邦达列夫，1959 年 12 月 7 日出生在沃罗涅日州彼得罗巴甫洛夫斯克区新波戈洛迪斯科耶村，1981 年，邦达列夫毕业于鲍里索格列布斯克高级军事航空飞行员学校，后进入巴尔瑙尔高等军事航空飞行员学校担任学员队长和飞行教官。1989 年，邦达列夫进入加加林空军学院深造，1992 年毕业后到鲍里索格列布斯克契卡洛夫飞行训练中心担任训练飞行大队长和强击航空团副团长。1996 年，邦达列夫担任近卫第 899 航空兵团团长。

邦达列夫是第一次和第二次车臣战争的参加者。在第一次车臣战争中，邦达列夫执行了超过 100 次的战斗飞行；在第二次车臣战争中，邦达列夫执行了超过 300 次的战斗飞行。由于他的勇猛和英雄主义，2000 年 4 月 21 日，俄总统普京授予邦达列夫"俄罗斯英雄"称号。

2000 年，邦达列夫任第 105 混合航空兵师副师长；2002 年，拥有丰富实战经验的邦达列夫被送往总参军事学院学习；2004 年毕业后返回第 105 混合航空兵师任师长，负责保卫首都莫斯科空域的安全；2006 年 5 月，邦达列夫担任第 14 空防集团军副军长，2008 年升任该集团军军长，军衔升为少将。在俄国防部推行"新面貌"改革后，他又担任以该集团军为基础成立的第 2 空防司令部司令。

2009 年，邦达列夫担任俄空军副司令，两年后，任空军参谋长兼第一副司令。2012 年 5 月 6 日，邦达列夫出任空军总司令，8 月 9 日晋升中将军衔。2014 年 8 月 11 日，邦达列夫获得上将军衔。

多次经历战火考验

在邦达列夫的军旅生涯中，他多次经历战火的考验。20 世纪 80 年代，在

俄军作战飞机保持良好的战备状态

独立第 200 强击航空兵大队服役的邦达列夫随队出征阿富汗。与其他航空部队不同的是，该大队的主要任务是摸索和完善苏－25 强击机在作战中的使用规则。

当时邦达列夫所部主要在阿富汗南部活动，那里沙尘暴肆虐，地面温度高得吓人，严苛的环境导致苏－25 战机故障频出。据报道，有一次，一架苏－25 使用机场供电设备给机载蓄电池充电时，由于气温过高，插头被烧糊了，怎么也拔不下来。因为奉命执行紧急任务，地勤人员匆忙之下只能用斧子砍断电线，苏－25 拖着小尾巴就上天了。

即便有这样或那样的困难，但邦达列夫和战友们都一一克服了，并在实战中把苏 25 的性能发挥到极致。有一次，为了摧毁"圣战者"设置在坎大哈北部梅万德山谷的火力点，邦达列夫和战友结成双机编队出击。起初，邦达列夫和僚机飞行员试图从敌方火力点上空实施轰炸，但没能奏效。经过短暂观察，邦达列夫驾机降低高度，沿着山谷边缘向目标火力点飞去，随后迅速转向，利用飞机掠过目标的短暂时间，直接用机载航炮轰掉了那个火力点。

1989 年，在代号"台风"的行动中，邦达列夫和战友们驾机从乌兹别克斯坦的哈纳巴德机场出发,沿铁尔梅兹-海拉屯公路进行巡逻,粉碎了数十起针对苏军的袭击。

在第二次车臣战争中,邦达列夫率领近卫第899航空兵团在达吉斯坦、古杰尔梅斯、格罗兹尼等地的平叛作战中摧毁了地区分离武装的大量隐蔽据点。

重视人才队伍建设

成为空军司令后,邦达列夫非常重视人才队伍建设。他认为离开了训练有素的飞行员与地勤人员,再先进的作战飞机也只是废铁。

首先,邦达列夫经常出席一些征兵活动,发表热情洋溢的演讲。为了吸引年轻人加入空军,邦达列夫还经常在征兵现场组织飞行表演。2015年1月23日,他在阿尔泰边疆区参加征兵活动时,就调来20多架固定翼飞机与直升机,进行现场表演。

其次,邦达列夫努力强化俄空军飞行训练内容。从2012年以来,俄空军总部采取了一系列措施,保证飞行员高质量地完成战斗训练工作。对比2013年和2014年的数据,俄空军飞行员人均飞行时间增加了33小时,人均年飞行时间超过100小时。邦达列夫尤其重视对年轻飞行员的训练,希望他们尽快形成战斗力。在2014年,俄空军年轻飞行员的人均飞行时间超过111小时。另外,邦达列夫还要求从实战出发强化针对新装备的训练,具体措施包括修改训练大纲、编写新教学材料、制定专业标准、购置现代化训练设施。

为了鼓舞士气,2014年夏,俄罗斯空军在利佩茨克举行"航空飞镖"比武竞赛,担任领导与组织工作的就是邦达列夫。比赛开始前两天,乌克兰外交部呼吁俄罗斯取消"航空飞镖"比赛,认为该比赛是一次军事演习,会使俄乌边境的紧张局势升级。对此,邦达列夫驳斥称:"乌政府连本国的事都管不好,还要管别国的闲事。"比赛结束后,邦达列夫非常高兴,不仅向获奖颁发奖章、智能手机和数码相机等奖品,还许诺要带领飞行员们参加国际大赛。

积极推进装备更新

有分析人士指出,邦达列夫的作风与以强硬著称的俄总统普京如出一辙。

他经常在各种场合抛出震撼性消息，例如俄空军将在 2016 年正式列装 T-50 隐形歼击机、俄军准备在白俄罗斯利达空军基地部署苏-34 歼击轰炸机等。2014 年 8 月 11 日，邦达列夫在一档名为"总参谋部"的广播节目中谈及北极问题，他声称应该在北极地区部署更多航空部队，并信心十足地说："目前，我们在北极地区没有对手。不过，我们已经准备好随时应对突发情况，我们会坚决捍卫俄罗斯在北极的利益。"

据报道，随着战备任务日益增加，俄空军对新式装备的需求也水涨船高。邦达列夫指出，依照"2011—2020 年国家军备计划"（"GPV-2020"计划），俄空军将获得 2 000 架飞机，使现代化航空装备的比例提升至 70%。迄今为止，俄空军已接装 100 多架新型固定翼飞机和 300 余架直升机。

沃洛任斯基

"老兵" 指挥叙利亚战事游刃有余

记俄罗斯海军总参谋长
沃洛任斯基中将

文
—
雷
炎

　　作为陆军强国的俄罗斯，从未忽视过海军的重要作用，自从 2015 年介入叙利亚反恐战事后，俄海军一直扮演着关键性角色，用一位学者的话说："表面上，活跃于叙利亚的俄空天军赚足了眼球，可是真正影响俄军作战的基础性力量是海军，若没有登陆舰运来军需物资，若没有巡洋舰提供掩护，俄空天军便起不了多大作用。"2016年1月，俄国防部任命沃洛任斯基海军中将出任俄海军总参谋长，他正是俄海军赴叙参战的主要行动策划者和指挥员。

俄海军"包围"叙利亚

早在俄空天军打击叙境内极端组织"伊斯兰国"（IS）之前，俄海军便提前做好了后勤保障准备。据披露，2015年夏末，已是俄总参作战总局副局长的沃洛任斯基负责拟订黑海舰队在叙利亚及东地中海的行动方案，俄海军先遣队迅速完成塔尔图斯港的清淤工作，扩大港口吞吐能力。自9月30日空袭开始后，黑海舰队向塔尔图斯港运输补给物资的频率明显增加，与空天军的运输机相比，俄海军动用的大型登陆舰在运能方面更具优势。

到2016年初，俄海军的775型坦克登陆舰、11356型护卫舰、1164型驱逐舰等舰只云集在叙利亚沿岸，加上曾在2015年10月7日发射巡航导弹打击"伊斯兰国"的里海区舰队舰只，叙利亚事实上被俄海军"团团围住"。卡塔尔半岛电视台报道，没有海军的保障，俄罗斯无法在遥远的叙利亚进行长时间的战斗。随着叙利亚军事行动变得长期化，俄军上将卡塔波洛夫透露，莫斯科考虑在叙利亚建立大规模的三军联合军事基地，这不仅包括俄海军在塔尔图斯港运营的技术补给站，还包括拉塔基亚的赫梅米姆空军基地和附近的两处基础设施。军事专家指出，联合基地一旦落成，将主要由俄海军负责运营管理，成为俄罗斯在地中海保持"战略存在"的重要落脚点。

与陆军战友合作融洽

作为此次俄海军行动的重要参与者，沃洛任斯基的履历也引起外界的浓厚兴趣。沃洛任斯基于1960年6月出生于塔林（今属爱沙尼亚），1975—1977年就读于列宁格勒纳希莫夫海军学校，1977—1982年就读于伏龙芝高级海军学校。军校毕业后，沃洛任斯基加入北方舰队的核潜艇部队，先后担任工程师、艇长助理等职。1995—1999年，他出任"鲍里索格列布斯克"号（舷号K-496）核潜艇艇长，军衔上校。1999—2001年，他被保送到库兹涅佐夫海军学院进修，学业结束后，2001年7月—2005年11月，他相继出任第31潜

俄海军潜艇

艇总队参谋长、总队长。2005—2010 年，他担任第 12 潜艇分舰队参谋长和司令，其间曾于 2007—2009 年前往总参军事学院学习。

2010 年 2 月，沃洛任斯基出任北方舰队潜艇部队司令，他在接受采访时强调，俄海军建设将以潜艇部队为重点。据报道，苏联解体后，俄海军继承了苏联几乎所有的潜艇，其中核潜艇所携带的潜射导弹是维持俄罗斯与美国战略平衡的重要工具，尽管长期面临经费紧张的困扰，但潜艇部队依然是俄海军序列里战备水平最好的。

2011 年 3 月—6 月，沃洛任斯基代理北方舰队司令。2012 年 9 月，他调入总参谋部，担任作战总局副局长，被授予中将军衔。在繁忙的参谋作业中，沃洛任斯基充分发挥自己在海军方面的专长，令作战总局在协调各军种行动方面达到很高的效率。曾有一位陆军同事回忆："在一群习惯直角坐标系地图作业（X、Y 表示方向，距离单位用千米）的陆军军官中，这位偏好用地理坐标系地图（用经度、纬度表示地面点位置，距离单位用海里）的海军军官并不觉得不适应，他非常熟练地与陆军战友打交道，分享和分析数据，提出任务目标，拟定联合作战计划，而且从来没出过差错。"据报道，正是在沃洛任斯基的力主下，2015 年 12 月，俄海军将 636.3 型柴电潜艇"顿河畔罗斯托夫"号调到地中海，并向叙境内的"伊斯兰国"目标发射四枚"口径－S"巡航导弹，显示了强大的战斗力。

"潜艇派"受重用

莫斯科社会和政治研究中心主任叶夫谢耶夫分析，让长期在潜艇部队工作的沃洛任斯基出任海军总参谋长，反映了俄国防部对潜艇建设的重视。俄总统普京曾指出："俄罗斯三位一体核力量是我们的核安全政策基础，但我们以前和将来都不会轻易动用核武器，我们的军事学说赋予其适当的地位和角色。"所谓"三位一体"核力量，包括洲际弹道导弹、战略轰炸机和装有洲际弹道导弹的战略核潜艇。俄国防部消息人士指出，近期，俄国防部还将任命新的海军总司令，最有可能的人选是科罗廖夫上将，他和沃洛任斯基一样，也是潜艇部队出身，这似乎向外界传递了某种信息。

美国《连线》杂志报道，在常规军事力量无法与北约抗衡的情况下，核力量被俄罗斯视为唯一有效的战略威慑手段。而在"三位一体"核力量结构中，陆基核力量存在容易暴露的风险，俄罗斯空天军的图－160 战略轰炸机又存在续航能力限制的问题，于是，机动灵活、隐蔽性强的战略导弹核潜艇就成为支撑俄大国地位和确保国家安全的王牌。

据俄罗斯《生意人报》报道，俄国防部最近修改了《2011—2020 年国家军备计划》，把 955 型战略核潜艇的采购量从 8 艘增加到 10 艘。同时，英国皇家海军核潜艇研究机构负责人约翰·穆里德透露，俄罗斯正在进行第五代攻击核潜艇的设计工作，虽然细节并未公开，但已经知道俄专家倾向于研制大排水量的通用型核潜艇，排水量约为 1.6 万吨，装备模块化通用垂直发射系统，可发射包括潜射弹道导弹、反舰导弹、无人机、潜水器、快速部署声呐系统等武器装备。俄克雷洛夫国家研究中心的专家认为，在确保能快速更换武器和保持 80% 的战备水平的情况下，10～12 艘通用型核潜艇就足以令任何敌人放弃侵略企图。

别涅季科托夫

"飞行老手"掌控俄军"空中之桥"

记俄空军运输航空兵司令
别涅季科托夫少将

文 — 雷炎

在俄军的重大军事活动中，军事运输航空兵往往占据着重要角色，仅在2014 年中，俄军事运输航空兵的行动就包括：2 月 26 日晚，俄军多架运输机突降克里米亚辛菲罗波尔机场，顺利完成兵力投送；3 月中旬，36 架俄军运输机在北极强风条件下成功完成兵力投送，创造了极地空降作战新纪录；9 月下旬，俄军运输航空兵在联合军演中成功实施跨区域远程投送任务……可以说，运输航空兵已成为俄战略空军的重要组成部分。如今，负责指挥这一战略力量的就是别涅季科托夫少将。

战场立功　屡获奖章

弗拉基米尔·瓦连金诺维奇·别涅季科托夫，1963 年 5 月 11 日出生在斯维尔德洛夫斯克州的下塔吉尔城。1984 年，别涅季科托夫毕业于巴拉绍高等军事航空飞行员学校，进入苏联空军运输航空部队服役，先后担任运输机副机长、机长、分队长、副中队长等职，随后进入加加林空军学院深造。1995 年毕业后，别涅季科托夫先后被任命为飞行训练团副团长、航空团副团长和航空团团长。

细看别涅季科托夫的从军履历，可以看到他的飞行时间超过 4 000 小时，且很多是在战争时期，堪称"飞行老手"。据俄罗斯《国家之翼》杂志介绍，20 世纪 80 年代，为了保障驻阿富汗苏军部队的物资供应，苏联空军在土耳其斯坦军区部署多支运输机分队，每个分队由六架伊尔-76 飞机组成，别涅季科托夫就是其中一支分队的指挥员兼机长。

当时，阿富汗境内只有三个机场完全符合伊尔-76 的起降要求，即喀布尔、信丹德和坎大哈，其他机场往往只有土质跑道或临时跑道。然而为了给前线部队运送急需的物资，别涅季科托夫多次冒险驾驶伊尔-76 在简易机场起降。为了防范反苏"圣战者"的导弹偷袭，别涅季科托夫机组每次起降都要投放大量热焰弹（用于干扰阿富汗反苏武装发射的红外制导防空导弹）。据说，当时的别涅季科托夫机组有个习惯——每次起飞后，机组成员都会紧盯高度计，当飞行高度超过 4 000 米时，就会发出欢呼，因为这意味着飞机已脱离"圣战者"防空武器的打击范围。由于在战场上表现突出，别涅季科托夫荣获多枚奖章与勋章。

俄军运输机群

训练不易　战斗不难

　　从阿富汗回国后，别涅季科托夫被安排从事军事教学工作。2006 年，挂着空军上校军衔的别涅季科托夫被派往俄运输航空兵第 610 战斗教学中心担任主任。他与教学中心所在的伊万诺沃州州长米哈伊尔·明尼（此人与总统普京关系莫逆，拥有雄厚的行政资源）进行了良好沟通，获得了明尼的支持。别涅季科托夫也协助当地重建了伊万诺沃 - 南方民用机场，军地双方还共同组织了"开放天空"系列爱国主义教育活动，成为俄联邦军民共建的典范。

　　据曾在第 610 教学中心受训的学员回忆，别涅季科托夫上任后就狠抓部队训练，当时教学中心有一句流行语——"训练不易，战斗不难"。事实上，当时与空军运输机有关的飞行员、领航员、报务员、机械师和地勤人员每两年都要来教学中心接受为期三个月的培训。别涅季科托夫的教学管理特别严格，教学内容也特别注重实用性。以理论学习环节为例，学员每天必须提前 20 分钟到理论课教室作准备。教室四周的墙壁上挂满飞机设备的图板和使用流程图，电路开关、灯光一应俱全，只需跟着图形走，就能很好地了解设备的工作原理和设备间关联。值得一提的是，正是在别涅季科托夫主政时期，教学中心开设了专门的绘图部门，负责图板的绘制和修订。

大力推进军民合作

2007 年，别涅季科托夫被派往第 61 空军集团军，担任参谋长兼第一副司令。该集团军是俄军唯一的军事运输航空兵集团军，直属俄军最高统帅部。根据 2013 年 1 月 7 日的总统令和 18 日的国防部长命令，别涅季科托夫被任命为运输航空兵司令，掌控俄军"空中之桥"，军衔也晋升至少将。2 月 1 日，俄空军总司令维克多·邦达列夫亲自将运输航空兵的战旗交给别涅季科托夫。

2013 年 2 月 5 日，上任不足一个月的别涅季科托夫举行记者会，就"军事运输航空兵现状与未来发展方向"发表演讲。别涅季科托夫在会上宣布，要在 2020 年前为运输航空兵列装 48 架最新型的伊尔-476 军用运输机，首批飞机在 2014 年交付。不过，现实却与他开了个小玩笑，俄空军总司令邦达列夫八天后视察"航空之星-SP"飞机制造厂，随后放话称，只能给军事运输航空兵 39 架伊尔-476。尽管如此，这笔采购合同的总金额仍然将近 1 400 亿卢布，成为近年来俄空军发出的最大一笔订单。

接管运输航空兵后，别涅季科托夫大胆展开改革。他曾经向媒体透露，计划让运输航空兵有偿承接民用物资运输业务。他声称这样做不仅可以补贴燃油费用，而且可以让飞行员获得更多的飞行机会，堪称"借鸡生蛋"。有俄罗斯媒体分析称，早在苏联时期，别涅季科托夫就曾有这方面的尝试。当时他驾机从阿富汗回国时，就曾将乌兹别克斯坦的棉花、苹果等农产品运往波罗的海沿岸地区。别涅季科托夫上任后就抛出这样的说法是为了试探各方的反应。另外，他还支持军民合作建设和使用机场，目前莫斯科郊外的契卡洛夫机场正在修建第二条跑道，同时特维尔和谢夏机场（位于布良斯克州）的共享计划也即将落实。

此外，别涅季科托夫指出，空军运输航空兵机长每月工资 6 万～8 万卢布，而民航机长的月收入高达 30 万～60 万卢布，因此提高运输航空兵飞行员的待遇不容忽视。

日哈列夫

文 — 雷炎

穿越美国"后院"的"功勋飞行员"

记俄远程航空兵司令
阿纳托利·日哈列夫中将

2015 年 5 月，瑞典军方宣布拦截了逼近其领空的俄军两架战略轰炸机，强调俄军机在波罗的海方向的活动"相当频繁"。被誉为"大国权杖"的战略轰炸机是俄罗斯展示国防实力、震慑潜在对手的重要工具。而作为俄空军的重要兵种，掌管战略轰炸机的远程航空兵也具有显赫地位，时任俄远程航空兵司令的日哈列夫中将本人就是驾驶轰炸机的高手，他反复强调："远程航空兵是俄军最高统帅的'左膀右臂'，即使在和平时期，远程航空兵也要作为一种战略核威慑力量存在。"

亲征"美国后院"

阿纳托利·日哈列夫，1956 年 7 月 5 日出生在乌克兰哈尔科夫州，1978 年毕业于坦波夫高等军事航空飞行员学校，1988 年在加加林空军学院进修，专业是空军战役战术指挥，2003 年又被上级安排到俄军总参军事学院深造。

在苏联和俄罗斯空军服役期间，日哈列夫从一名轰炸机机长助理干起，先后担任过机长、飞行中队副中队长、中队长、重型轰炸机团副团长和团长。日哈列夫是一名优秀的飞行员，能够驾驶八种类型飞机执行任务，包括图-22M3 中型轰炸机、图-160 和图-95MS 重型战略轰炸机，总飞行时间超过 3 000 小时。2013 年，日哈列夫亲自驾驶图-160 战略轰炸机飞抵委内瑞拉迈克蒂亚空军基地，使得视拉美为"后院"的美国极为震惊，美国媒体用"驾御'白天鹅'的空中勇士"来形容日哈列夫（图-160 轰炸机因体型优美被昵称为"白天鹅"）。日哈列夫还是一名特级空中射手，他曾驾驶轰炸机发射过多种型号的巡航导弹，命中率超过 95%。迄今为止，日哈列夫已荣获两枚勋章，八枚奖章，而且是俄罗斯"功勋飞行员"。

1992 年起，日哈列夫进入高级指挥员行列，2000 年担任重型轰炸机师（驻萨拉托夫州恩格斯基地）师长，不久改任统管全国重型轰炸机部队的第 37 空军集团军副军长兼参谋长，军衔升为少将。2009 年 8 月 5 日，日哈列夫接替安德罗索夫少将，出任俄空军远程航空兵司令员。同年 9 月 21 日，俄国防部改组空军体制，撤消第 37 空军集团军建制，将其原有的轰炸机部队直接隶属给远程航空兵，这让日哈列夫能更直接地了解部队战备训练情况，同时也让他能以一名老飞行员的直觉调整和改进轰炸机部队的战术战法。2014 年，日哈列夫晋升为中将。

现代军事人物

否定"瞎折腾"改革

作为航空专家和兵种主帅，日哈列夫非常重视远程航空兵武器装备的发展，据透露，俄远程航空兵将在近几年内对现有装备进行大规模升级，特别要对核弹载机进行现代化改造，给图-160、图-95MS和图-22M3轰炸机安装更先进的发动机和雷达等设备，并为它们装备新型战略导弹。鉴于俄军工综合体普遍存在的计划拖延和推诿扯皮现象，急性子的日哈列夫干脆找到政府高层为自己"背书"。2014年底，俄国防部长绍伊古被日哈列夫拉去参观喀山飞机制造厂，他的目的是让防长当面敦促喀山企业"不折不扣"地执行轰炸机改造计划，并且要有严格的"时间节点"，绍伊古还满足了日哈列夫的另一项要求，那就是向喀山厂进驻空军代表，监督轰炸机改造的质量。

日哈列夫对俄远程航空兵的训练也抓得非常紧。俄罗斯《红星报》介绍，仅在2014年，俄远程航空兵机组累计完成1 044个飞行架次，总飞行时间超过2.8万小时，机组年平均飞行时间超过150小时，超额完成靶场轰炸和空中射击任务，并在训练过程中改进与空军其他兵种（或其他军种）实施作战协同的方法，为在联合战役集团编成中展开军事行动做好准备。

俄远程航空兵的图-160轰炸机

由于来自基层部队，日哈列夫对如何建设一支强大有效的远程航空兵有完整的理论和实践经验，对那些纸上谈兵式的"瞎折腾"改革措施也敢于说"不"。如当 2008 年时任国防部长谢尔久科夫对俄军展开"新面貌"改革时，就遭到日哈列夫的强烈抵制，认为谢氏那一套照抄西方模式的改革根本不适用于俄远程航空兵。他在接受《红星报》采访时批评"新面貌"改革一味追求压缩军队后勤保障部门是不合理的，尤其是将后勤与通信部队全都合并到作战部队简直是"自毁长城"。因为合并之后，原来的航空师都变成了航空基地，一线航空兵指挥员必须要处理此前自己并不熟悉的后勤与通信业务，分散了指挥作战的精力。另外，"新面貌"改革片面压缩指挥层级，裁掉许多部队，减少军官与士官的人数，因此有一大批业务能力较强的指挥人员被迫转业，从而影响了航空兵部队的建设与发展。

由于日哈列夫等职业军官的坚持和不断反映，时任国防部长的绍伊古接受了他们的意见，同意逐步恢复远程航空兵的原有编制体制。2015 年起，俄远程航空兵恢复"师-团"级作战体系，被裁掉的一些部队也将陆续恢复。

俄轰炸机成"强悍对手"

事实上，"日哈列夫时代"的俄远程航空兵已成为美国和北约必须正视的"强悍对手"，美国《空军》杂志介绍，俄远程航空兵现役骨干是 77 架图-160 和图-95 战略轰炸机，俄罗斯正对它们进行升级，使之能够发射新式防区外打击武器。俄罗斯还计划在 2025—2030 年期间部署新式隐形轰炸机，取代现役所有战略轰炸机，这个时间段大致和美国空军部署下一代战略轰炸机的时间节点吻合。

日哈列夫曾对《红星报》表示，在当前环境下，考虑到俄罗斯的地缘政治态势、经济形势和对武装力量财政拨款的能力，俄远程航空兵的优先发展方向是将远程航空兵的战备能力保持在完成所有战略遏制任务的水平上；进一步改进现有航空作战系统，特别是部署能够发射远程高精度空基巡航导弹的战略导弹载机；同时研制未来的精确空中打击系统；使远程航空兵处于常备状态，以便能够在规定的期限内快速运用远程航空兵的兵力兵器，保证有效完成所肩负的作战任务。

阿瓦基扬茨

文　——　雷炎

"火箭干部"看守俄罗斯"东大门"

记俄太平洋舰队司令
阿瓦基扬茨海军上将

2015 年 8 月下旬，中俄两国海军在日本海海空域举行了代号为"海上联合-2015（II）"的联合军事演习，其中俄方主要以太平洋舰队及其海军陆战队参演。据俄罗斯红星传媒报道，太平洋舰队的实力居俄海军四大舰队的第二位，是影响东北亚战略格局的重要力量。在时任舰队司令的阿瓦基扬茨的领导下，太平洋舰队以精锐力量和先进装备投入到中俄联合军演中，显示莫斯科对发展中俄两军关系的决心和诚意。

优化舰队力量结构

据俄罗斯《观点报》报道，阿瓦基扬茨于 2012 年正式当上太平洋舰队司令，这中间曾发生过一段小插曲：当时俄太平洋舰队派遣主力舰赴中国青岛参加"海上联合-2012"演习，可是该舰队却没有司令，原司令康斯坦丁·西坚科已在 2010 年高升为东部军区司令，空出来的职位一直没有人补上，只能让舰队副司令兼参谋长阿瓦基扬茨暂时主持工作。这种不正常局面直到中俄联演结束后才得到解决，2012 年 5 月初，俄国防部正式任命阿瓦基扬茨出任太平洋舰队司令，后又将其军衔升为海军中将，2014 年将其军衔升为海军上将。

按照俄国防部的战略意图，阿瓦基扬茨积极推进太平洋舰队的兵力重组，重点强化以核潜艇为主的堪察加集团和以水面战舰、柴电潜艇为主的滨海集团建设，巩固俄远东地区的海防体系。据俄罗斯《报纸报》介绍，阿瓦基扬茨多次前往堪察加半岛上的维柳钦斯克基地视察，因其具有水深优势，那里在未来几年内将进驻 955 型战略核潜艇。有俄军官透露："距维柳钦斯克海岸仅 1 000 米的海区就是深水区，核潜艇能够一出港便以大潜深进入大洋，这样它就能在得到我军保护的领水内朝任何方向秘密潜行。"

在日本海滨海方向，阿瓦基扬茨多次组织水面舰和柴电潜艇编队进行合同演习，检验消灭敌水面舰的战术战法，并积极与东部军区内的友邻军种展开深度联合。2014 年 9 月，俄国防部发起"东方-2014"演习，阿瓦基扬茨亲率太平洋舰队前往鄂霍次克海既定水域展开部署。在演习最后环节，阿瓦基扬茨坐镇联合指挥所，与俄陆军导弹炮兵司令马特维耶夫斯基联手指挥陆海军打击力量，利用海军情报、监视、侦察系统（ISR）引导陆军的"伊斯坎德尔-M"导弹攻击了 200 千米外的隐蔽目标，误差仅有 30 多厘米。

据俄罗斯《军事评论》报道，阿瓦基扬茨正努力推进太平洋舰队的力量优化，首先是将远东地区的岸基机场网络扩大 1～2 倍，把太平洋舰队的舰艇疏散点和修理点的数量扩大到现有的 3 倍，使这一网络具备在任何天气条件下接纳和转移大编队舰机的能力。其次，俄太平洋舰队将加快修理现有舰艇，将具有战备能力的舰艇增加到 85%～90%，并争取从空军要回不少于两个团的图－22M3 轰炸机，从而具备抗衡美国航母打击编队的能力。

率主力舰挺俄

谢尔盖·伊奥西弗维奇·阿瓦基扬茨，1957 年 4 月 6 日生于埃里温市（今属亚美尼亚），1975 年考入苏联黑海纳希莫夫高等海军学校。1980 年，阿瓦基扬茨以优异成绩毕业并被分配到黑海舰队，担任"尤马舍夫海军元帅"号大型反潜舰的舰空导弹大队作战指挥组组长。

1989 年，阿瓦基扬茨被选送至库兹涅佐夫海军学院深造。1991 年毕业后，阿瓦基扬茨来到"乌斯季诺夫元帅"号巡洋舰当舰长。此时正值苏联解体前夜，俄罗斯与乌克兰围绕黑海舰队归属争得昏天黑地。阿瓦基扬茨带领全舰官兵坚决站在俄罗斯一方，使得这艘万吨巨舰顺利加入俄罗斯海军。1996 年，他被提升为第 43 导弹舰总队（师级）副总队长；1998 年，升任总队参谋长；2001 年升任总队长；2003 年，阿氏出任俄北方舰队第 7 战役分舰队第一副司令兼参谋长。

2005 年，阿瓦基扬茨被选送至俄军最高学府——总参军事学院进修。毕业后，阿瓦基扬茨一路青云直上，成为名副其实的"火箭干部"，2007 年被破格提升为太平洋舰队滨海诸兵种合成区舰队（简称"滨海集团"）司令，2010年 8 月 25 日出任太平洋舰队第一副司令兼参谋长，同年 10 月 29 日，原太平洋舰队司令西坚科升任东部军区司令，阿瓦基扬茨开始代理舰队司令职务，直到 2012 年"转正"。

在太平洋舰队工作期间，阿瓦基扬茨多次成功处置"特殊情况"，被俄罗斯媒体赞为"海矛"。2010 年 5 月 5 日，索马里海盗劫持了俄罗斯油轮"莫斯科大学"号，次日凌晨，阿瓦基扬茨麾下的"沙波什尼科夫元帅"号大型反潜舰搭载陆战队员实施强攻，迅速歼灭 11 名海盗，救出全部船员 23 名。事后，欧盟反海盗舰队发言人称赞俄军营救行动"完美而出色"。

阿瓦基扬茨还非常重视部队思想建设。2010年9月24日，太平洋舰队956型驱逐舰"快速"号发生火灾，水兵阿尔达尔·齐登扎波夫因救火牺牲，阿瓦基扬茨亲自向牺牲水兵的父亲表达慰问，不仅决定将烈士名字永远载入"快速"号驱逐舰的花名册，还向海军总部争取到用英雄名字命名军舰。2015年7月22日，"齐登扎波夫"号护卫舰正式开工，阿瓦基扬茨亲临造船厂出席开工及命名仪式。

稳固东部海防

从地理上看，俄太平洋舰队的防区东邻白令海峡，与美国"飞地"阿拉斯加隔海相望，南濒日本海与日本、朝鲜、韩国毗邻，防区内的东北亚地区大国利益交错，是历来兵家必争的战略要冲。作为俄战略力量前出太平洋的基础性力量，太平洋舰队担负着俄罗斯在亚太地区的多元海防任务。

俄专家指出，鉴于俄罗斯与日本存在领土纠纷，加之日本积极追随美国的"亚太再平衡"政策，对俄罗斯国家安全构成一定影响，因此俄太平洋舰队必须提高警戒意识。早在2010年11月，阿瓦基扬茨便派遣旗舰"瓦良格"号导弹巡洋舰出访韩国仁川港，迎回1904年日俄战争中在该港被日军击沉的苏俄"瓦良格"号巡洋舰的舰旗。回国后，他又亲自举行隆重的迎旗仪式，号召全舰队官兵铭记历史、振兴舰队。另据俄罗斯《红星报》报道，自2011年以来，俄太平洋舰队展开大规模换装，特别是最先进的955型战略核潜艇已有两艘配发到太平洋舰队。

与此同时，阿瓦基扬茨积极发挥"海军外交"的优势，利用太平洋舰队推动防务交流，拓展俄罗斯的外交空间。阿瓦基扬茨执掌太平洋舰队后，舰队出访活动变得非常密集，他本人就曾多次率队外访，每逢外事、外访活动必定亲自组织、亲自迎送。如阿瓦基扬茨会见过中国海军访问编队指挥员，他强调（邻国）海军间良好的合作关系"有助于维护地区和平与稳定"。可以展望，在阿瓦基扬茨的领导下，俄太平洋舰队与周边国家海军的交往将得到进一步加强。

扎鲁德尼茨基

文
—
雷
炎

"工作狂人"统领俄军战略预备队

记俄中央军区司令
扎鲁德尼茨基上将

　　总部设在叶卡捷琳堡的中央军区，是俄军四大军区中防御范围最大的一个，它既要充当其他三个军区的战略预备队，随时提供紧急支援，同时又要防范以恐怖主义、分裂主义、极端主义为代表的"三股势力"在俄境内及中亚邻国作乱。

据俄罗斯媒体报道，2015 年 8 月以来，中央军区司令扎鲁德尼茨基上将频繁下部队视察调研，要求中央军区在安排部队训练弹药时只规定下限，不规定上限，如果哪个单位在全年完不成最低消耗指标，领导还会受到批评。

位居"天下之中"

俄军中央军区以原伏尔加河沿岸－乌拉尔军区和西伯利亚军区为基础，辖区覆盖从奔萨州到贝加尔湖之间的广阔地区。从地理位置来看，中央军区处于俄罗斯腹地，主要战略方向为西亚和中亚，由于中亚五国中有四个是独联体集体安全条约组织成员国，因此中央军区既要负责俄罗斯自身的安全，同时也要为多数中亚国家提供安全支援。据俄新网报道，俄军驻塔吉克斯坦的第 201 军事基地和驻吉尔吉斯斯坦坎特的第 999 空军基地，都接受中央军区领导，以阻止肆虐中亚的"三股势力"向俄南部边界扩散。

在实力方面，俄中央军区的陆军部队包括 1 个坦克旅、7 个摩步旅、2 个特种旅、2 个导弹旅、1 个炮兵旅、1 个火箭炮旅、2 个地空导弹旅及 5 个装备储存和维修基地，另外在乌里扬诺夫斯克市还驻有独立第 31 空降突击旅，在克拉斯诺达尔边疆区有一个中央坦克储备基地。这些兵团共有 24 辆"圆点－U"战术导弹发射车、约 400 辆 T－72 坦克、500 多辆 BMP 步兵战车、约 400 辆装甲输送车、约 550 门身管火炮、约 250 门多管火箭炮、约 150 套地空导弹系统、120 套（门）弹炮合一防空系统。

军区的航空兵力量包括 6 个航空基地、6 个地空导弹团（5 个 S－300PS 团、1 个 S－300V 团），共有 48 架米格－31 截击机、32 架米－24 武装直升机、近 80 架运输机。另外，在萨拉托夫州恩格斯基地驻有两个远程航空兵团，有 30 架战略轰炸机（分别为 14 架图－160 和 16 架图－95MS），以及 30 架图－22M3 中程轰炸机。在奥伦堡州驻有一个军事运输航空兵基地，有 27 架伊尔－76MD 运输机，1 个飞机和直升机储备基地，约有 500 架飞机和 150 多架直升机，其中 300 多架是落伍的旧飞机，如苏－17、苏－22、米格－27、L－29，战斗力水平较低。按照要求，中央军区自身所属的航空兵部队必须保证乌拉尔工业区和战略核设施的安全，像部署在彼尔姆、坎斯克的 48 架米格－31BM 截击机就负责拦截敌方的战略轰炸机和巡航导弹。

一步一脚印地干出来

身为中央军区的"一把手"，扎鲁德尼茨基的军事能力有口皆碑。1958年2月6日，他出生在克拉斯诺达尔边疆区的阿宾斯克。1979年，扎鲁德尼茨基毕业于奥尔忠尼启则诸兵种高等指挥学校，1989年毕业于诸兵种合成学院，2003年结束在俄军总参军事学院的深造，这相当于完成了俄高级将领所必须的院校教育。

扎鲁德尼茨基是从侦察兵干起的，他在1979年进入苏军驻（东）德部队集群的侦察部队工作，1985年担任摩步团侦察主任，曾在东西德边境线上与北约军队真刀真枪地对峙过。1990年德国统一后，扎鲁德尼茨基随部队返回国内，1991年开始在远东军区担任摩步团参谋长和团长。1994年第一次车臣战争爆发，扎鲁德尼茨基主动请缨，自己开着吉普车赶到北高加索重镇迈科普，担任警备司令，组织部队开赴前线。1997年，他出任北高加索军区独立第131摩步旅参谋长，一年后晋升为旅长，军衔上校。该旅曾是苏军历史上的英雄部队，官兵几乎都是骁勇的哥萨克，曾荣获过红旗勋章、红星勋章和库图佐夫勋章，然而在第一次车臣战争中，独立第131旅因指挥不力，军心涣散，在格罗兹尼巷战中遭到重创。扎鲁德尼茨基以身作则，从头整训部队，重新使这支部队焕发生机。

2003年，扎鲁德尼茨基调任近卫第27摩步师师长，军衔升为少将。2005年1月，他担任西伯利亚军区第36集团军第一副军长（军部在乌兰乌德），两年后晋升为军长，军衔升为中将。2011年9月，他出任总参作战总局局长兼副总参谋长。2012年12月，扎鲁德尼茨基晋升上将军衔。2014年6月，他被任命为中央军区司令员。

扎鲁德尼茨基堪称工作狂人，来中央军区没几天，就到偏远的图瓦地区视察了两次，原因是那里有俄罗斯重要军事设施（如铀矿和太空监视设施）。2014年7月25日，第一次来到图瓦时，他视察了那里的军营，会见了俄联邦图瓦共和国总统绍尔班·卡拉奥尔。8月25日，他再次来到图瓦，敲定扩建克孜勒军用机场的项目，并为日后在图瓦部署山地摩步旅做出规划。

扎鲁德尼茨基非常重视战斗训练工作，并且喜欢搞战备突击检查。2015

年新年刚过完，他就率领军区司令部一班人马，不打招呼地来到车里雅宾斯克州的切巴尔库利靶场（中国军队就曾在那里参与过两次"和平使命"演习），当时正巧有一支坦克部队进行教学演练，扎鲁德尼茨基主动上手，与一帮军官共同组织谋划，驾车训练，机动指挥。在总结会上，扎鲁德尼茨基对官兵素质给予肯定，但强调部队临时领受战斗任务后行动不够果断。特别是遇到突发情况缺乏应急手段，离"一小时动员，一小时战斗"的目标还有差距，必须继续整改。

俄罗斯《独立军事评论》周刊认为，俄罗斯在中亚方向面临恐怖威胁及武装贩毒问题，一旦爆发冲突，其结果很难预料。最坏的情况莫过于原教旨主义者在阿富汗重新掌权，随后打着极端主义旗号向中亚挺进，配合塔、吉、乌等国极端团伙及犯罪集团（特别是武装贩毒集团）夺权，届时俄中央军区必须以全部兵力应对，力阻其向俄南部蔓延。因此，扎鲁德尼茨基肩上的任务还是极为艰巨的。

俄特种兵

擅长秘密战的 "首席军事间谍"

记已故俄军总参情报总局局长
谢尔贡上将

文 — 赵保华 柳直

    2016 年 1 月 3 日，俄军总参谋部情报总局（格鲁乌）局长兼俄军副总参谋长伊格尔·谢尔贡上将因突发大面积心梗而猝死在工作岗位上，终年 59 岁。俄罗斯卫星网将谢尔贡称为 "首席军事间谍"，俄军近期在叙利亚反恐战事中的出色表现，离不开谢尔贡领导的格鲁乌的大力支持，而普京政府能够全面掌握极端组织 "伊斯兰国"（IS）与土耳其之间的 "利益关系"，也与格鲁乌杰出的情报工作密不可分。

恢复格鲁乌战斗力

谢尔贡，1957 年 3 月出生于莫斯科州波多利斯克市，1973 年入伍，历任苏联远东军区摩步班班长、鄂木斯克诸兵种指挥学校学员队队长等职，先后就读于莫斯科苏沃洛夫军事学校、苏军诸兵种合成学院和俄军总参军事学院等院校，拥有军事学副博士学位。1984 年，谢尔贡进入苏联武装力量总参谋部军事情报系统工作。2011 年 12 月，他被任命为俄军格鲁乌局长兼副总参谋长，军衔为上将。

英国《每日镜报》透露，有关谢尔贡从事军事情报工作的细节属于俄罗斯国家机密，外界了解甚少，只知道他曾在阿尔巴尼亚和原南斯拉夫地区工作过，能流利地使用多门外语。他还参加过第一次和第二次车臣战争，曾指挥格鲁乌特种部队实施剿匪作战，是一位出色的军事情报人才和指挥人才。接任格鲁乌局长后，谢尔贡又展现出过人的管理与运营才能。英国《一周》杂志称，谢尔贡上任时，格鲁乌正处于低谷期，不仅缺兵少将，财政预算也被大幅削减。直到谢尔贡接手后，该机构才逐渐恢复活力，俄罗斯政府也重新将其秘密行动视为"有益资产"。

尽管由于工作的特殊性，谢尔贡复兴格鲁乌的细节难以被外界知道，但俄国防部通过官方网站发布的悼词也能说明部分问题："我们将永远铭记俄罗斯的忠诚战士谢尔贡上将，在他的领导下，俄军事情报系统取得长足发展，及时地化解了俄国家安全所面临的一系列挑战与威胁。"

曾与谢尔贡共事的俄军中将谢尔盖·斯杰帕申表示，谢尔贡的一生是辉煌的。近年来，俄罗斯对外军事援助和干预行动取得巨大战果，格鲁乌功不可没，谢尔贡的管理能力尤其值得称道。斯杰帕申透露，作为一位锐意改革的领导人，谢尔贡参与了国家对外政策的制定与实施，多次指挥格鲁乌执行重要军事行动。不过出于保密原因，这些行动的细节都没有公开。

鲜为人知的是，谢尔贡是俄军中为数不多的中亚专家，他长期关注极端组织向中亚渗透，强烈呼吁俄罗斯及独联体集体安全组织的中亚伙伴国高度警惕这一威胁。2015 年 10 月，他以格鲁乌局长的身份出席集安组织会议，主动向与会的中亚国家国防部长发出警告，称 IS、"呼罗珊"等极端组织正在费尔干纳盆地、阿富汗等地扩张势力，是中亚地区的潜在威胁，"为达到目的，极端组织头目计划招揽中亚当地人员，并寻求与中亚地区已存在的叛乱组织结成联盟。更重要的是，极端组织利用阿富汗政府对国内掌控不力的局面，积极向那里扩张势力，试图获得进军中亚、南亚的桥头堡"。

据俄罗斯《观点报》披露，根据格鲁乌掌握的情报，IS 组织通过收买和援助塔利班、"乌兹别克斯坦伊斯兰运动"（IMU）和阿富汗境内的地方武装，源源不断地获得人员补充。如果放任这股势力在阿富汗壮大，那么周边国家迟早会遭受"池鱼之灾"。在俄政府的支持下，格鲁乌已与阿富汗政府、地方实力派等各种力量建立联系，向可以争取的对象提供军援，共同采取行动，压缩极端组织的生存空间。可以预见，今后格鲁乌会延续谢尔贡的政策，加大在中亚的秘密行动力度。

特种部队实力雄厚

据俄媒体报道，在谢尔贡的领导下，格鲁乌已成为俄罗斯数一数二的军事情报与特种作战机构，它拥有 24 个训练有素的特种突击旅（兵力约 3 万人），这支部队的座右铭是"只有星星够不着"（意为他们能够深入世界各地采取行动）。事实上，格鲁乌已成为俄罗斯的反恐利器，在叙利亚军事行动中，俄战机能准确摧毁 IS 目标，离不开格鲁乌特种部队提供的情报。

据乌克兰《基辅邮报》披露，位于拉塔基亚的俄叙联合情报处理中心（代号为"S 设施"）完全由格鲁乌主导。该机构负责记录和破译叙境内极端组织发出的无线电信号，为俄叙两国空军的"定点清除"行动提供情报支援。就在谢尔贡去世前几天，他还批准了"S 设施"的升级和扩建计划，以加强向叙利亚和伊朗提供中东地区的态势感知情报。据悉，扩建后的"S 设施"能将以色列、约旦和沙特阿拉伯的大部分地区纳入侦控范围。

与此同时，格鲁乌还向叙利亚投入特种部队，其中最著名的当属近卫独立第 22 特战旅。据报道，近卫独立第 22 旅曾参加过两次车臣战争，其人员结构也与其他俄军部队不同，大多数官兵来自中东和中亚民族，在语言交流、风俗习惯等方面与叙政府军和当地人差异较小，且体貌特征相似，便于伪装行动。该旅拥有丰富的实战经验，能适应复杂环境下的反恐作战，下辖 7 支任务部队，配备榴弹炮、火箭炮及越野车，具有较强的装甲越野能力和山地打击火力，快速机动、山地剿匪和封闭区域独立作战是该部队的优势。另外，近卫独立第 22 旅还建立了分别连通格鲁乌总部、驻叙俄军前线指挥所和"S 设施"的通信专线。专线联系与扁平化指挥模式，使该部队在执行作战任务时更灵活、更有效率。

事实上，俄军向来重视情报在作战行动中的运用，覆盖从战前信息搜集、目标定位到战场态势侦察、打击效果评估的全过程，确保己方行动的主动性、灵活性和进攻性。可以预期，即便在谢尔贡去世之后，格鲁乌仍将在俄军海外干预行动中继续发挥基础性作用，不断扩大俄罗斯的地缘战略优势和影响力。

绍伊古和科罗博夫

"战略飞行员"面临"秘密战大考"

记俄军总参情报总局局长
科罗博夫中将

文
—
雷
炎

  2016年1月初，俄军总参谋部情报总局（格鲁乌）局长伊格尔·谢尔贡上将因突发心脏病猝死在工作岗位上，一个月后，这个神秘的军情单位迎来了新掌门人——伊格尔·瓦连季诺维奇·科罗博夫中将。俄罗斯《生意人报》称，科罗博夫是飞行员出身，后来进入格鲁乌工作，他对国际军事形势变化有着敏锐的观察力，为军政高层提供了大量有价值的情报。俄国防部长绍伊古在出席科罗博夫就职仪式时，亲手将格鲁乌军旗交给这位新局长，希望他能在"秘密战线"取得佳绩。

短暂的飞行员生涯

科罗博夫出生于 1956 年，1973 年考入斯塔夫罗波尔边疆区高等军事航空飞行员学校的飞行专业，该校的教学分为四年，第一年和第二年里，学员在 L-29 教练机上接受飞行训练，头一年是教员指导，第二年是自己放单飞。通过初级训练后，学员从第三年开始进入高级培训阶段，到学校飞行教导团学习，该团装备有米格-17 歼击机和乌米格-15 教练机。毕业前，科罗博夫驾驶米格-17 和乌米格-15 飞机完成了 300 小时的训练课目，比如夜间飞行和复杂气象条件下的昼间飞行，成为学员队里率先取得二级军事飞行员资格的人。对于这样的"飞行尖子"，苏联空军和国土防空军都想将其招至麾下，科罗博夫选择了更富挑战性的国土防空军，因为国土防空军拥有大量高空高速截击机，这对喜欢"速度刺激"的科罗博夫来说更合胃口。在航空学校的最后一年里，教官们对科罗博夫"开小灶"，让其改飞高档的苏-15T 和苏-15UT 教练机，这类超音速飞机受到着陆重量的限制，不能加太多燃油，每次起降后都要重新加油，科罗博夫在苏-15 飞机上完成 220 小时的训练，掌握了国土防空军专用机型的操控特性。

1977 年 11 月，科罗博夫从航空学校毕业，获得中尉军衔，然后和另外九名同学来到国土防空军红旗独立第 10 集团军第 518 航空团服役，驻地是阿尔汉格尔斯克的塔拉吉。该团装备了图-128 截击机，当时苏联国土防空军有五个团装备该机，保卫新地岛、诺里利斯克、哈坦吉、季克西等北极地区的空域，拦截可能入侵的美国轰炸机。由于北极地区人迹罕至，无线电通信网络非常稀疏，备用机场也很少，因此图-128 截击机造得非常大，以便搭载足够的燃料，执行远距离截击作战。

进入第 518 团的头一年，科罗博夫等"菜鸟"们先到团属第 3 航空大队学习驾驶图-128，然后再分配到第 1 和第 2 航空大队，科罗博夫被分配到第 2 大队，在扎波利亚里耶开始自己的战斗飞行员生涯。1980 年，一位来自莫斯科的"神秘客人"造访第 518 团，与团长谈完话后，他开始认真考察每一名飞行员。最终，他挑出两个人，一位是维克多·阿诺欣，另一个就是科罗博夫，他俩也是斯塔夫罗波尔航空学校的同学。在单独谈话过程中，这位"客人"亮出了身份，原来他是苏联国防部代表，目的是到作战部队挖掘适合秘密工作的人才。阿诺欣婉拒了客人的好意，坚持当飞行员的职业理想，而科罗博夫则同意了。1981年，他进入苏联军事外交学院深造，在苏军内部，该校被匿称为"音乐学院"，从那里毕业的人都被安排到格鲁乌工作。至于科罗博夫的同学阿诺欣，他后来一直干到俄军第14空防集团军参谋长，2010年以中将军衔退役。

坚守"最原始的使命"

进入格鲁乌后的几十年间，科罗博夫的工作情况没怎么对外披露，俄国防部官网红星网提到："科罗博夫在认知新事物、处理突发事件和解决棘手问题等方面都有过人之处，特别是飞行员的冒险精神、好胜心理和坚强意志，令他在格鲁乌大有作为。不过，俄罗斯飞行员普遍有一个缺点，往往个人能力突出，融入新的组织后，协调能力会弱一些，但格鲁乌的工作经历使科罗博夫较好地弥补了这一点。要知道，情报工作归根到底是'了解别人，熟悉敌情'的工作，要求特工们深入社会各个阶层，同时具备熟练的人际交往能力，从而迅速打开工作局面。"格鲁乌的同事反映，科罗博夫行事低调，务实求真，深谙情报工作之道，既从事过基础的情报侦察工作，又担任过10余年的领导管理工作，在业内有"战略飞行员"的绰号。

据俄罗斯卫星网介绍，谢尔贡去世后，外界普遍猜测下一位格鲁乌局长会从现有的四位副局长中产生，科罗博夫是其中的佼佼者，当时他担任格鲁乌第一副局长兼战略情报侦察处处长，曾协助谢尔贡主持格鲁乌在东欧、中东和中亚地区的工作。如今，科罗博夫出任局长，格鲁乌乃至俄军总参谋部上下普遍表示欢迎。

俄地缘政治问题研究院院长康斯坦丁·西夫科夫指出，目前，俄罗斯与西方关系降到冰点，军政高层急需及时准确的情报，作为制定政策的依据，因此格鲁乌承担的任务更加繁重。早年从事情报工作的普京总统就对科罗博夫说过："格鲁乌必须坚守最原始的使命，即战斗在对敌斗争的最前线。"据俄罗斯《独立军事评论》称，格鲁乌有效保障了俄军在黑海、叙利亚以及北极地区的军事行动，其掌握的技术情报和人力情报资源令莫斯科获得"战略主动权"。不过，科罗博夫领导下的格鲁乌也不是没有危机感，目前俄罗斯官方共有三家情报机构，除了格鲁乌，还有对外情报局（SVR）和联邦安全局（FSB），三者之间实际存在着竞争关系。根据任务划分，格鲁乌侧重军事情报，为军政领导提供传统意义上的作战信息保障；对外情报局脱胎于苏联克格勃系统，主要负责政治情报，依托俄罗斯外交系统，在欧亚多国建立了庞大的情报网络；而联邦安全局的任务相对模糊一些，由于它下辖边防军，又负责国家通信安全保障，所以各种涉及国家安全的事情都可以管，在俄军介入叙利亚反恐战事后，联邦安全局也参与了情报搜集工作。总之，三家情报机构都有不俗的实力，科罗博夫要想保持格鲁乌的领先者地位，恐怕还要下一番苦功夫了。

现代军事人物

米津采夫

文 — 雷炎

"学霸型"战将领导"战争之屋"

记俄国家防御指挥中心负责人
米津采夫中将

    "先生们，你们可以在这里开战了，这就是'战争之屋'！"这是美国《华盛顿邮报》在报道俄罗斯国家防御指挥中心（NDCC）时使用的开场白，该机构不仅是俄武装力量的"大脑"，还可协调其他政府强力部门，整合全国政治、经济、科技等资源，其地位堪比二战期间的苏联最高统帅部大本营。值得注意的是，国家防御指挥中心在俄罗斯军事干预叙利亚危机过程中发挥了关键作用，其中心负责人米哈伊尔·叶甫根尼耶维奇·米津采夫中将更是俄军的"灵魂人物"。

人生因电影而改变

米津采夫,1962年9月10日出生于伏尔加格勒州夏姆任斯基区的阿维林斯卡娅村。童年时代,米津采夫曾看过一部名为《军官们》的电影,该片讲述了一群红军战士在国内革命战争和伟大卫国战争中的成长经历,这部影片对米津采夫的影响很大,他后来回忆说:"从那以后,我立志要成为现实中的瓦西里·拉诺沃伊(片中主人公的名字)。"需要指出的是,米津采夫的父亲也是一名军人,他在俄王牌近卫第76空降师(驻梁赞)从一名列兵干到了排长,他经常告诉儿子,部队是非常有意思的地方,男子汉应该在那里得到锻炼。

上学期间,米津采夫是个不折不扣的"学霸",从小学到中学,他都是学校里公认的"头雁"。1978年,上完八年级的米津采夫考入加里宁州苏沃洛夫军校。1980年,他考入基辅诸兵种高等指挥学校。1984年毕业后,米津采夫以中尉军衔来到苏军驻东德部队集群的一个坦克师,先后担任侦察排长和侦察连长。1989—1990年,米津采夫在驻东德部队集群的坦克师侦察营担任副营长。

1991年苏联解体后,米津采夫随部队撤回俄罗斯,随即被调到外高加索军区的一个摩托化步兵师,担任摩托化步兵团的侦察主任。1992年夏,外高加索军区改编成俄罗斯驻外高加索部队集群,米津采夫担任一个山地摩步营营长,军衔晋升为中校。

在外高加索工作期间,米津采夫经历了严峻的考验。在苏联时代,外高加索军区涵盖阿塞拜疆、亚美尼亚、格鲁吉亚等加盟共和国,当苏联消失后,这些新独立的国家因为历史和现实的原因,普遍对俄罗斯采取敌视态度。结果,呆在这些国家的俄罗斯驻军处境尴尬,部队里的少数民族指战员普遍消极怠工,无心战备,然而米津采夫凭借对祖国的忠诚和对军队的热爱,不仅自己坚持下来,还带出了一支能打硬仗的王牌部队。

1993—1996年,米津采夫被上级选送到莫斯科诸兵种合成学院(原为伏龙芝军事学院)深造。毕业后,他进入俄军总参作战总局,担任高级作战参谋。2001—2003年,米津采夫进入总参军事学院学习,毕业后担任总参作战总局方向组组长。2007 年，他升任作战总局局长兼莫斯科军区副参谋长。2010—2012 年，米津采夫继续担任作战总局局长，先后兼任北高加索军区（该军区在"新面貌"改革中撤销）和南部军区的副参谋长。2012 年 8 月，他担任总参中央指挥所主任。2014 年 2 月 22 日，他被授予中将军衔。

尽管工作很忙，但米津采夫仍不忘陪伴家人，每次休假回老家，他都把全部时间花在陪伴父母上。他还为家乡的学校捐赠了五台计算机，以示心怀桑梓。在出任总参中央指挥所主任后，经上级批准，米津采夫还兼任全俄国防与爱国主义教育协会莫斯科分会主席，参与青少年的国防教育活动。

负责"司令塔"运行

2014 年是俄罗斯外部安全形势极其险恶的一年，北约利用乌克兰危机在俄边境附近调兵遣将，俄罗斯在中东的传统盟友叙利亚受到西方军事威胁，连带影响到驻叙俄军的安全。有鉴于此，俄总统普京批准国防部长绍伊古有关建设国家防御指挥中心的提议，并钦点米津采夫为新中心主任。

俄罗斯《消息报》披露，俄工业系统康采恩、指挥控制通信系统研究院、"火星"科研生产联合体等 30 家单位，参与了中心的设计及工程建设，俄国防部总投资超过 10 亿美元。曾有舆论称，无论是土木工程建设、技术装备研发还是组织指挥体制构建，像指挥中心这样的庞大工程是不可能在一年内完工的，更何况完工后就马上遂行战备值班任务。但就是这样的"不可能"最终于 2014 年 12 月 1 日变成现实，当天中心正式投入战备值班。

国家防御指挥中心离莫斯科红场只有 4 000 米远，院子里还有一个面积不小的停机坪，可供米-8 直升机起降，方便要员来往。中心的核心设施坐落于一个错综复杂的地下隧道网中，足足有三层之多，军方人员身穿不同颜色的制服，每个工位上都放着带有俄军标志的瓶装水。

中心作战室正前方是一面超大电子屏幕墙，数块电子屏实时直播着俄军动态，犹如好莱坞电影《奇爱博士》的情景再现。用俄罗斯卫星通讯社的话说，国家防御指挥中心的先进程度优于美国五角大楼三倍，它不仅指挥武装力量，当国家安全面临威胁时，还可以指挥其他国家职能部门和非国家机构（如能源公司、铁路公司等）。

据俄罗斯《消息报》透露，2015 年 9 月 30 日俄军开始空袭叙利亚境内的极端组织"伊斯兰国"（IS）后，指挥中心立即发挥了"司令塔"职能，米津采夫领导的中心专项作战组全程监控中近东军事政治局势，并对安全领域事态发展做出预测。具体而言，米津采夫的工作可归纳为三点：一是集中指挥驻叙部队集群；二是指挥调度航空兵的飞行和转场活动，并协调舰艇部队进行后勤保障和掩护；三是为总统、国防部长、总参谋长等领导人提供世界军事政治局势、国内社会政治态势、军队实时状态等信息保障。用专家的话来说，现阶段米津采夫乃至国家防御指挥中心的任务就是管控信息流、生成信息资源、实时维护情报数据库，保证政府决策的准确性。

俄军德涅战役集群司令戈里亚切夫

文
—
雷
炎

老空降兵驻守"欧洲不毛之地"

记俄罗斯驻德涅战役集群司令
谢尔盖·戈里亚切夫

"德涅斯特河沿岸共和国"（简称德涅）是一个地处东欧、不被国际社会承认的政治实体，但它拥有自己的"货币""国旗"和"总统"，其大多数居民是俄罗斯族。西方国家普遍认为它是摩尔多瓦共和国的一部分，摩尔多瓦及其传统盟友——北约国家罗马尼亚一直希望重新控制该地区，但碍于在此部署维和部队的俄罗斯，始终未能如愿。目前，俄罗斯在该地区派驻有 1 500 余名官兵，指挥官就是空降兵出身的谢尔盖·戈里亚切夫上校。

屡经烽火　战功卓著

谢尔盖·戈里亚切夫于 1970 年 10 月 22 日出生在莫斯科州的奥热列利耶。或许是受到父辈崇军尚武的影响，戈里亚切夫于 1989 年报名参军，并进入精锐的空降兵部队服役。1991 年，受苏联解体的影响，俄军部队普遍经费不足，大批士兵寻求退伍，但戈里亚切夫在极为艰苦的环境下依然恪尽职守，得到上级的好评，不久被保送到著名的梁赞空降兵高等指挥学校深造。1994年毕业后，戈里亚切夫进入著名的近卫第 76 空降师，先后担任侦察排长、侦察连副连长、连长、空降营营长、团侦察主任等职务。

从 2000—2004 年，戈里亚切夫所在部队多次奉命与车臣武装分子交战。由于对手多以小分队形式活动，且出没无常，俄军不得不动员精干兵力组建大量小部队，"以小打小"，实施围剿。戈里亚切夫指挥部队在车臣、印古什等地翻山越岭，追踪流窜的武装分子。虽然武装分子们极为警觉，但只要戈里亚切夫出任务，就从未扑空过。

2008 年 8 月 8 日，格鲁吉亚突然出兵进攻南奥塞梯地区（驻有俄维和部队），俄军迅速做出反应，包括戈里亚切夫在内的近卫第 76 空降师 3 000 余人被紧急投送到亲俄的阿布哈兹境内，牵制格军第 2 步兵旅，有力地策应了南奥塞梯方向的俄军部队。8 月 10 日，戈里亚切夫指挥部队向格鲁吉亚名城祖格迪迪发起进攻，不仅轻易拿下祖格迪迪，而且迅速控制了铁路枢纽谢纳基。戈里亚切夫一方面派兵控制当地军营，避免武器流失；一方面允许当地警察配备警械维持治安，同时派兵帮助居民整理受损建筑，后送受伤人员，赢得了民心。

身处前沿　重视练兵

2008 年俄格战事结束后，戈里亚切夫进入俄武装力量诸兵种合成学院深造，毕业后进入西部军区，先后担任空降团副团长，参谋长，空降突击团副团长等职务，随后被调到西部军区诸兵种合成集团军独立第 9 摩步旅当副旅长。2013 年 5 月，戈里亚切夫被任命为俄军德涅斯特河沿岸战役集群司令员。该部由苏联时期驻扎在该地区的第 14 集团军改编而成，目前下辖两个摩托化营、

1个后勤保障营、1个直升机大队，约1 500人，被视为俄罗斯安插在东欧心脏地带的"关键棋子"。

戈里亚切夫指挥的部队远离俄罗斯本土，他们所在的德涅地区原属苏联摩尔达维亚加盟共和国。苏联解体后，该加盟共和国宣布独立，成立摩尔多瓦共和国（大部分人口说罗马尼亚语）。不过，德涅地区（大部分人口说斯拉夫语）拒绝加入摩尔多瓦共和国，并宣布独立建国。1992年，德涅民兵同摩尔多瓦政府军发生混战，并最终击退政府军，形成"事实独立"的局面。

2006年，德涅举行全民公投，97%的居民支持该地区加入俄联邦，但遭到摩尔多瓦、欧盟和北约的强烈反对，差点再度爆发军事冲突。正是意识到该地区的不稳定性，为了确保俄罗斯的战略利益，戈里亚切夫到任后非常重视部队训练。为了检验训练成果，他多次组织各种形式的演习。2013年秋，德涅战役集群举行规模庞大的"反恐演习"。据报道，摩尔多瓦和北约都极为关注这次演习，认为俄军在为协防德涅进行战斗准备。

由于部队处于"斗争前沿"，戈里亚切夫非常重视爱国主义教育和军事道德教育，频繁利用每年的"俄罗斯日""战役集群成立纪念日"、建军节、卫国战争胜利日等节日举行各种以爱国主义为主题的庆祝活动，并为军事楷模和先进单位颁奖。

低职高配　暗含玄机

俄地缘政治研究院原院长列昂尼德·伊瓦绍夫指出，俄军驻德涅战役集群只是团级部队，却"高配"了戈里亚切夫这样的旅级军官，这反映出莫斯科对该地区的重视。总的来看，德涅地区的面积仅4 000多平方千米，地形狭长，资源匮乏，人口只有50余万，几乎是欧洲最贫穷的地区，堪称"欧洲不毛之地"。不过，该地区却卡在乌克兰和摩尔多瓦之间，战略地位重要。可以说，俄军只要在德涅布置少量兵力，就足以对地区形势构成重大影响。

据美联社报道，就在2014年11月俄乌关系起伏不定之际，乌克兰外交部声称，与其接壤的德涅境内充斥大量"外国势力"，他们伺机渗透到乌克兰西南部各州。针对这一迹象，乌克兰国防部和内务部已采取"特别措施"，预防"制造混乱的挑衅行为"。外界认为，乌克兰口中的"外国势力"就是指这支俄军部队。

加拿大《环球邮报》记者曾造访过德涅首府蒂拉斯波尔，他说："这里几乎所有居民都对俄罗斯以及俄罗斯军人有好感。"当地官员则表示："我们所需的能源等关键物资、居民的养老金都由俄罗斯提供，俄罗斯政府还向我们敞开发放签证，德涅人去俄罗斯很方便。"

列昂尼德·伊瓦绍夫指出，德涅的独立地位不被国际社会（包括俄罗斯）承认，但摩尔多瓦想在北约和欧盟的支持下武力收复德涅也是不可能的，"鉴于德涅在政治和军事上的重要作用，它的归属问题只能通过外交途径解决"。

俄军近卫第 4 坦克师师长灿科夫

文 — 雷 炎

率先驾驭"装甲沙皇"的"铁人"

记俄近卫第 4 坦克师师长
奥列格·灿科夫少将

2015 年 10 月以来,俄罗斯的军事活动非常活跃,除了派空军参与叙利亚反恐,还在东欧方向积极排兵布阵,"硬对"美国和北约的安全威胁。

据美国"战略之页"网站披露,为加强首都莫斯科的防务能力,俄军重组了第 1 坦克集团军,下辖近卫第 2 摩步师和近卫第 4 坦克师,以及独立第 27 摩步旅和独立第 6 坦克旅。这四支师旅单位均为常备部队,是卫戍莫斯科的"御林军"。其中,由奥列格·穆索维奇·灿科夫少将指挥的近卫第 4 坦克师将率先获得被誉为"装甲沙皇"的T-14"阿尔玛塔"坦克，可见其地位之重要。

掌控俄军英雄部队

据俄罗斯《观点报》报道，俄国防部成立第1坦克集团军，并将近卫第4坦克师等王牌部队纳入其中，主要是为了提高俄罗斯西部的安全系数。该报还提到，在2008年俄罗斯前防长谢尔久科夫发起激进的"新面貌"改革后，斯摩棱斯克（莫斯科门户）以西特别是西南方向的部队几乎全被裁掉，一些地方甚至出现"防御黑洞"。在乌克兰危机升级后，这种防御空虚的状况是俄罗斯无法接受的，因此第1坦克集团军就"适时重生"了。

作为该集团军的主力，近卫第4坦克师是著名的英雄部队，其历史可追溯至二战时期的苏联红军第17坦克军。该部队成军于1942年，组建第二天就参加了斯大林格勒保卫战，并在收复坎捷米罗夫卡居民点的战斗中重创德军，获得"近卫坎捷米罗夫卡"的光荣称号。冷战时期，这支部队被改编为近卫第4坦克师，部署在莫斯科近郊的纳罗-福明斯克，承担卫戍京畿和对外军事交流的任务。即便在苏联解体后，该师仍是俄军中少有的能随时出动的常备部队。

在2008年的俄军"新面貌"改革中，近卫第4坦克师一度被缩编为近卫独立第4坦克旅，但随着国家安全形势的变化，该部于2014年恢复师级编制，下辖3个坦克团、1个摩步团、1个自行火炮团、1个防空团、1个独立侦察营及相关后勤通信单位，具有极强的独立攻防能力。

据俄罗斯媒体报道，灿科夫少将所指挥的近卫第4坦克师战斗经验丰富、装备精良，常年满编运转，充当俄陆军装甲部队中的拳头力量。该师除装备T-80U坦克、BMP-3步兵战车等现役主力装备外，备受关注的T-14"阿尔玛塔"坦克也会优先装备该师。

指挥军演获"铁人"称号

灿科夫，1988年毕业于车里雅宾斯克高等坦克指挥学校，据说他所在的第9学兵连出过许多将星，因此被外界戏称为"将军连"。进入部队后，灿科夫先后在土耳其斯坦军区、外高加索军区、外贝加尔军区、西伯利亚军区和北高加索军区服役，甚至还曾去过蒙古国，负责俄罗斯驻军的撤离工作。

2007年，灿科夫担任独立第74摩步旅旅长。当时，西伯利亚军区安排该旅进行全要素实弹演习，这也是自苏联解体后俄军首次进行这类大规模演习，各项组织协调工作极为繁重。演习期间，第74摩步旅遇到的最难课目是"跨河空降夺点"，演习内容是：首先运用伊尔-76MD运输机将部分士兵空降到托木河对岸的渡口，然后适时派出侦察连的PT-76水陆两栖坦克浮渡抢滩。灿科夫克服诸多困难，指挥部队圆满完成了演习任务。

当接受《红星报》记者采访时，满脸疲倦的灿科夫眼神依然犀利，他说："军人就应该是铁打的，战斗不分黑夜和白天，也不会留给你充足的休息时间，要想打胜仗，必须要有好身体。"灿科夫也由此获得了"铁人"的外号。

2009年，灿科夫进入俄总参军事学院深造，2011年毕业后被任命为独立第200摩步旅旅长。同年6月，一个来自中国的电视摄制组来到独立第200摩步旅驻扎的摩尔曼斯克州佩琴加镇进行采访，时任独立第200摩步旅旅长的灿科夫上校热情接待了中国客人，向他们展示了俄军部队的生活与训练情况。他不仅安排摄制组参观了训练场地和射击场，而且组织了一系列常规军事课目演练，包括装甲车驾驶、越野车爬坡突击、步枪射击、防化洗消作业、摩步兵越障、"冰雹"火箭炮和榴弹炮射击等。除了军事训练，灿科夫还带领摄制组参观官兵生活区，并介绍了后勤保障方面的情况。他特别指出，部队后勤保障的社会化改革意义重大，"让我和战士们最开心的是，改革让部队的食堂变得人气十足，大家都觉得伙食有了明显改善"。

被指卷入"乌克兰危机"

2015年2月21日，根据俄总统第91号命令，灿科夫晋升少将军衔，不久后被任命为近卫第4坦克师师长。有分析指出，作为近卫第4坦克师的指挥官，灿科夫未来必须做好三项关键工作。首先，加大部队里的职业合同兵比重，推行军官、军士和士兵各层次的专业人才培养机制，确保高技术部队的稳定运转；其次，在加大部队战斗训练强度的同时，全面提高训练质量，尽可能接近实战，力争让每名战士和指挥员都能在陌生地理环境下执行远程快速机动以及诸兵种协同作战任务；最后，做好部队换装的人才准备工作，避免出现"装备等人"的尴尬局面，保证"人装合一"，快速形成战斗力。

值得一提的是，这位骁将还曾被乌克兰指认为"与乌克兰危机有关"。2015年1月，乌克兰《观察家》周刊披露，乌克兰东部出现大批身着民兵服装，自称隶属于"卢甘斯克人民共和国"第2特种任务旅的俄罗斯军人，这个第2特种任务旅的旅长名叫奥列格·图尔诺夫。随后，乌克兰安全局声称，经过比对，"图尔诺夫旅长"就是灿科夫。

对于乌克兰方面的说法，俄罗斯政府只是在1月31日宣布："我国仅向（乌克兰）顿涅茨克、卢甘斯克两州提供了人道主义援助，所有援助物资全部送到，相关运输车辆和人员均已安全返回，期间没有发生任何差错。"乌克兰媒体的解读是，俄方似乎没有否认灿科夫去过乌克兰，但不是去打仗，而是押送援助物资，并且已经返回俄罗斯境内，因此，没什么可指摘的。

俄军近卫第 7 空降师师长索洛德丘克

"全能空降兵"统驭俄军山地劲旅

记俄军近卫第 7 空降师师长
索洛德丘克少将

作为俄军的"一号响应力量",空降兵在历次军事行动中都扮演了"急先锋"。在近年来的俄军换装行动中,空降兵的武器现代化指标也比较高,特别是在 2015 年,俄空降兵的换装指标达到 40%,为俄全军最高。消息人士称,空降兵换装工作以四大空降师为重点,特别是驻扎在俄乌边境的近卫第 7 空降师会得到优先安排。据俄罗斯《航空航天杂志》报道,近卫第 7 空降师师长索洛德丘克少将以能征惯战闻名全国,用俄罗斯空降兵联合会主席沃斯特罗金中将的话说,这是一位"全能的空降兵"。

俄空降兵伞降

现代军事人物

浴血北高加索山间

索洛德丘克，1971 年 3 月 24 日出生于阿斯特拉罕市。父亲是一位土壤改良工作者，长期在北冰洋沿岸的荒原工作，很少与家人团聚。正因为这种环境，索洛德丘克从小就养成自立自强的性格。中学八年级毕业后，索洛德丘克进入列宁格勒（今圣彼得堡）苏沃洛夫少年军校，1988 年毕业后，他非常想进莫斯科诸兵种高等学校学习，却阴差阳错地进了梁赞高等空降兵指挥学校，从此与空降兵结缘。

1992 年毕业后，索洛德丘克来到俄军近卫第 98 空降师服役，担任排长。2004 年从俄军诸兵种合成学院毕业后，他担任近卫第 217 空降团参谋长、团长，随后升任近卫第 98 空降师参谋长，军衔达到上校。2012 年 8 月 16 日，结束在总参军事学院深造的索洛德丘克出任近卫第 7 空降突击师师长，军衔晋升为少将。

近卫第 7 师冷战期间曾多次执行"特殊任务"，例如 1956 年干预匈牙利、1968 年干预捷克斯洛伐克以及 1977 年干预埃塞俄比亚－索马里战争。苏联解体后，近卫第 7 师于 2003 年从波罗的海方向调防到黑海方向，任务是对内镇压北高加索地区的叛乱，对外监视北约东扩。

据俄罗斯电视台报道，索洛德丘克当上师长才两天，他就率领部队出现在北高加索的崇山峻岭，打击俄联邦达吉斯坦共和国境内的分离武装。据当年的新闻报道介绍，在群山深处，索洛德丘克的部队每人身上都保持几十千克的携行量，包括防弹背心、防弹面具、武器及一个基数的单兵弹药等。由于匪徒经常埋设爆炸物，他们每次出击都面临着生死考验。有一次，俄军小分队碰上对手埋设的子母地雷，其威力之大，在爆炸后会形成深 1.5 米、宽 3 米的弹坑，当时地雷在距离队伍约 300 米处被引爆，炽热的铁片雨点般地散落在队员们身下。也正是那段经历，索洛德丘克获得了"战功"勋章和二级"卫国功勋"奖章。

不回应"克里米亚行动"

在索洛德丘克的领导下，今天的近卫第 7 师业务精湛，士气高昂。索洛德丘克要求官兵们不仅掌握空降兵的各种作战技能，还要拥有山地作战的本领，例如跨越各种山地障碍、锤炼高原山地射击准确性等。据报道，近卫第7师有自己的特殊训练场和靶场，它们或位于高山之巅，或位于群山之中。在"高加索-2012"战略演习中，该师敢于在海拔2 500～3 100米的高原山地实施成建制空降突击，令现场观摩的俄军将领和外国武官非常钦佩。

令人吃惊的是，有迹象显示近卫第7空降师参与了俄罗斯占领克里米亚半岛的行动。据乌克兰《基辅邮报》报道，2015年6月16日，一个名叫"拉缅斯基·斯坦尼斯拉夫·尼古拉耶维奇"的俄罗斯士兵在网上公开了几张图片，其中有一份奖章证书，上面的文字显示受奖人为"拉缅斯基·斯坦尼斯拉夫·尼古拉耶维奇"，签发的命令为"俄罗斯联邦国防部第2-13号"，日期是"2014年4月14日"，奖项名称是"收复克里米亚"奖章，签发人则是"61756部队长索洛德丘克少将"。按照尼古拉耶维奇在个人网页上的留言，2014年2月27日，正是索洛德丘克率领近卫第7师以不流血的方式抢占了克里米亚首府辛菲罗波尔的机场，他自己就是其中一员。不过，这起事件尽管在乌克兰和西方国家被炒得火热，但索洛德丘克乃至俄罗斯军方始终没有理睬，用俄空降兵老将沃斯特罗金的话说："这件事没什么好解释的，反正克里米亚已被俄罗斯牢牢控制住了。"

俄罗斯加紧扩建空降兵

据俄罗斯《观点报》报道，为了进一步提高近卫第7空降师的战斗力，俄国防部已批准在该师既有的一个空降突击团和一个空降团基础上再增加第三个团的编制，并且提供更多先进技术装备。俄空降兵联合会中央委员会副主席、预备役上校瓦列里·尤里耶夫说："目前暴力活动在世界各地蔓延，我们已经看到在乌克兰危机甚至叙利亚内战中，俄罗斯都需要动用空降兵这样的快速反应部队。"

俄退役陆军上校、《军火库》杂志主编维克托·穆拉霍夫斯基表示，包括近卫第7师在内的空降兵部队扩编，表明俄罗斯决心组建更大规模的快速反应部队，"冷战时期，苏联空降兵编有7个师、16个独立旅（团），人数达到约12万的规模，是当时最具威慑力的部队。但苏联解体后，空降兵被大幅削减了，到 2009 年时仅剩下 3.5 万人。在时任国防部长谢尔久科夫推动的'新面貌'改革期间，他还打算再将空降兵数量削减一半，只是在各方压力下才被迫取消"。他强调，在当前俄罗斯与美国对抗加剧的背景下，俄罗斯与他国发生局部冲突的可能性大增，因此扩大空降兵规模很有必要。

1996—2003 年担任空降兵司令员的格奥尔基·什帕克上将表示："当世界各国积极发展快反力量时，我们却差点毁掉这支力量，这是十分愚蠢的。在目前的国际形势下，俄罗斯必须大力加强空降兵部队的建设，让其成为强大的突击集团。"

有俄罗斯学者指出，目前西方国家很担心俄空降兵以"反恐"为名进入叙利亚境内，因为俄空降兵从事过境外反恐和维和行动训练，参加过一系列带有海外活动背景的演习，是莫斯科随时可以打出去的"王牌"。

施瓦茨

坐镇王牌战舰，威慑北约对手

记俄军"莫斯科"号巡洋舰舰长
施瓦茨

文 — 雷炎

据俄罗斯卫星网报道，自从 2015 年底俄土关系紧张后，俄黑海舰队旗舰"莫斯科"号便驶抵叙利亚拉塔基亚港附近的地中海水域。

据"莫斯科"号巡洋舰舰长亚历山大·季博罗维奇·施瓦茨上校介绍，"莫斯科"号能够从海上保卫驻叙利亚的俄军基地，并为在叙利亚执行反恐的俄军战机提供掩护。施瓦茨表示，别看"莫斯科"号巡洋舰的舰龄超过 30 年，"但表象具有欺骗性，这艘军舰能独自摧毁几百千米外的目标"。

犹有战力的"军中老将"

"莫斯科"号巡洋舰是在 2015 年底经苏伊士运河进入地中海的。2015 年 12 月，在俄罗斯国防部的安排下，来自俄罗斯、叙利亚等国的记者登上该舰参观，施瓦茨亲自担任讲解员，他反复强调，"莫斯科"号舰上的电子设备、传感器和武器经常升级，作战能力相当可观，"我们配备很多武器，包括舰空导弹、超音速反舰导弹、高速机关炮、鱼雷和舰载直升机。慑于'莫斯科'号的威力，北约军官习惯把我舰称为'航母杀手'。"

施瓦茨所言不虚，"莫斯科"号的武器系统很全面，能同时与水下、水上和空中目标作战，特别是 2015 年 11 月 24 日发生俄战机被土军击落事件后，"莫斯科"号承担起海上对空掩护的任务，该舰配备的舰空导弹可打击百余千米外的空中目标，能有效控制叙利亚西部沿海空域。他透露，"莫斯科"号虽然舰龄偏大，但它的维护和升级工作从未放松，"该舰运行情况非常良好，它仍是强大的作战力量"。

据俄罗斯《技术与武器》杂志介绍，以俄罗斯首都命名的"莫斯科"号巡洋舰出身显赫，它是 20 世纪 70 年代苏联建造的 1164 型导弹巡洋舰（北约称"光荣级"）首舰，1982 年加入黑海舰队，当时叫"光荣"号。1989 年 6 月，苏联领导人戈尔巴乔夫赴马耳他参加美苏首脑会晤，特别将"光荣"号选为"御驾舰"，而美国总统里根乘坐的则是"贝尔纳普"号巡洋舰，双方谈判轮流在这两艘军舰上举行，显示苏美两国均背靠强大军力。令人遗憾的是，就在戈尔巴乔夫乘坐"光荣"号出访后没几年，苏联解体了，俄罗斯海军只继承下三艘 1164 型舰，其中"光荣"号更名为"莫斯科"之号后，成为俄海军黑海舰队旗舰。

"莫斯科"号上的陆战队员

据透露，"莫斯科"号满载排水量 1.3 万吨，最令人震撼的武器莫过于它携带的 16 枚 P－500 "玄武岩"反舰导弹和"暗礁"舰空导弹系统，前者主要针对航母目标，射程超过 500 千米，弹重 4 800 千克，其常规战斗部威力是美国"鱼叉"反舰导弹的四倍，单就反舰能力而言，"莫斯科"号一艘舰就顶得上美国海军八艘伯克级驱逐舰的总和。至于"暗礁"系统，则是俄制 S－300PMU 陆基防空系统的舰载版，最大作战距离约 100 千米，主要打击敌电子战飞机、轰炸机、战斗机，如果两枚齐射，基本能保证摧毁来袭目标。

充满血性的"一舰之长"

指挥如此强大的战舰，舰长施瓦茨也受到外界关注。1978 年，施瓦茨出生于海军世家，父亲是苏联海军上校，哥哥弗拉基米尔曾在北方舰队的核潜艇上服役。施瓦茨毕业于俄海军高等技术学校，毕业时拿到了代表成绩优秀的红色毕业证（成绩普通的毕业生只能拿蓝色毕业证）。2007 年 5 月，施瓦茨以中校军衔出任"和睦"号护卫舰舰长，该舰隶属黑海舰队。

2009 年，施瓦茨成功指挥了解救"北冰洋"号商船的行动。莫斯科当地时间 2009 年 7 月 24 日 23 时许，俄罗斯商船"北冰洋"号正在波罗的海水域航行，突然被一艘高速橡皮艇追上，艇上人员声称自己的母船发生故障，他们被派出求援。但这些人登上"北冰洋"号后，却用暴力劫持船员，胁迫船长关闭导航设备，然后向非洲驶去。随后，多个国家的海事部门通报该船失联。8 月 3 日，俄罗斯复兴集团保险公司接到海盗通知，要求其立即支付 150 万美元的赎金，否则烧船杀人。

俄总统普京对此高度重视，立即责成海军全力搜寻"北冰洋"号。8 月 12 日，正在波罗的海参加"西方-2009"演习的"和睦"号护卫舰被抽调到大西洋巡逻。8 月 17 日，该舰在佛得角群岛以南水域发现外观酷似"北冰洋"号的货船，舰长施瓦茨命令水兵通过国际无线电频道对其喊话，但对方声称自己是亚洲某国的干货船"前进-2 号"。施瓦茨立即将情况报告给俄海军总司令部，得到的回答是：这个亚洲国家的政府强调真正的"前进-2 号"尚呆在英国港口，根本不可能跑到大西洋。于是，施瓦茨立即安排"和睦"号上的水兵对眼前的货船实施拿捕，最终确认它正是失踪多日的"北冰洋"号。施瓦茨除留下四名船员和四名水兵驾船外，其余人员全部送上"和睦"号护卫舰，随后被转送到莫斯科，后来八名海盗受到俄罗斯法律的严惩。

施瓦茨在很短时间内找到货船，而且整个过程处置得当，没有出现任何伤亡。凭借这一出色的表现，他受到俄海军及国防部的嘉奖，不久便被调到黑海舰队旗舰"莫斯科"号上担任大副，随后又被保送到海军军事学院（位于圣彼得堡）深造。

2015 年 11 月底，俄海军总司令部任命施瓦茨为"莫斯科"号舰长，军衔升为上校，原舰长谢尔盖·特罗涅夫则转任黑海舰队潜艇总队参谋长，同时命令该舰立即赶赴叙利亚近海，监视土耳其军队的动向。为了保障"莫斯科"号，俄海军还安排波罗的海舰队的"科拉"号油船在埃及富阿德港附近等候，提供加油服务。此时，"莫斯科"号刚刚结束在印度洋亚丁湾的反海盗任务，本打算经红海、苏伊士运河、土耳其海峡返回俄罗斯，没想到情况突变，只好改变航向，开赴叙利亚。

不过，施瓦茨和全舰官兵士气非常高昂，他们相信"莫斯科"号的攻防能力足以令任何对手感到忌惮，取得"不战而屈人之兵"的效果。

列别德与少年军校学员交流

"闻战则喜"的传奇军人车祸身亡

记当代俄罗斯四级"圣乔治"勋章获得者
列别德

文 — 罗山爱

2012 年 4 月 27 日傍晚，获得过"俄罗斯英雄"称号和四级"圣乔治"勋章的俄罗斯传奇军人列别德，因其所驾驶的摩托车失控而丧生。几天后，时任俄国防部长的谢尔久科夫及一些高级官员出席了列别德的葬礼，他被安葬在莫斯科普列奥布拉任斯基公墓的"英雄小径"上。

"多活一天都是赚的"

1963 年 5 月 10 日，阿纳托利·维切斯拉瓦维奇·列别德出生在波罗的海岸边的美丽小城瓦尔加市（今属爱沙尼亚），他曾在科赫特拉-雅尔夫的专业技术学校学习，在技术学校学习的同时他还积极参加当地支援陆海空军志愿协会学校组织的跳伞活动。1981 年列别德应召入伍，进入苏军空降兵部队服役，后来他又进入罗蒙诺索夫军事航空技术学校，学习直升机驾驶与机械维修，1986 年毕业。

列别德生性喜欢挑战，对尝试不同工作有着强烈的愿望，他渴望在战场上发挥自己的学识。这时正好赶上苏军深陷阿富汗战争泥潭，当许多苏联年轻人以逃亡甚至自残的方式逃避参战的时候，他主动请缨，在阿富汗经受了两年的艰苦战斗。在阿富汗，列别德的身份是米-8 军用直升机的航空机械师，而且是那种跟随直升机一起出勤的伴随机械师，说得直白点，就是要在枪林弹雨中确保直升机的运转。

阿富汗血战对列别德一生影响非常大，那里的环境极其恶劣，他所在机组的任务是发现、通报并消灭阿富汗"圣战者"的商队（即军火走私集团）。由于阿富汗大部分是山区，苏军只能用直升机超低空侦察，但很容易遭到地面火力伏击。列别德乘坐的直升机就经常遭遇袭击，舱壁和旋翼被击穿过很多次。

有一次，列别德机组遭遇伏击，当时他们的直升机在敌人阵地上空 20 多米处飞过，直升机首先遭到火箭筒攻击，后来又被 12.7 毫米口径重机枪扫射，大口径子弹从正面、侧面和下面飞来，穿透机舱，直升机几乎被打成筛子，列别德等人不得不弃机逃生。好在他们随身携带了足够的弹药和饮水，经过整晚跋涉，终于返回驻地。他后来对妻子说："从那以后，我觉得每多活一天都是赚的。"

在一系列战斗中，列别德机组截击过多批"圣战者"商队，其中最大的一支拥有近 300 头骆驼，运输的武器和药品像小山一样。苏军从凌晨 4 时发现商

列别德在俄格战争期间的留影

队，到次日凌晨 1 时才将其全部消灭。战斗中，苏军直升机从四面八方涌来，用火力将商队压制在山谷中，将反抗者逐一击毙。

从车臣到格鲁吉亚

1989 年 2 月苏军撤出阿富汗后，列别德转入苏军驻东德的部队集群服役。1990 年两德统一后，他相继转入外贝加尔军区第 329 运输战斗直升机团和西伯利亚军区独立第 337 直升机团服役，1994 年退伍。当脱下军装的那一刻，这位战功林林的军人却连安身的住所都没有，后来他找到一份工作却让他觉得平淡无味。

当 1999 年 11 月第二次车臣战争爆发后，"闻战则喜"的列别德立即选择再次出山。他通过民间的阿富汗老兵基金会，联络上多名在阿富汗服役过的老

　　　　　　　　　　　　　　　　　　　　　　　　现代军事人物

战友，以志愿者的身份自费购买军事装备和机票，飞赴遭受车臣武装践踏的俄联邦达吉斯坦共和国。此后，他被当地的综合警察分队招募，这个分队的成员均是当地百姓，几乎没有受过像样的军事训练，面对凶悍的匪徒束手无策。列别德等人就从最基本的瞄准射击开始培训，并以"跟我来"的行动带领大家捍卫国家领土。后来，他们终于坚持到俄联邦内务部队的增援，并将战斗推进到车臣境内。随后，他飞抵莫斯科，与国防部签下入伍合同（俄军官分为义务役军官和合同制军官），随即加入空降兵独立第45特种侦察团，军衔为上尉。

在车臣期间，列别德所部主要从事剿匪行动，任务是搜寻车臣武装分队，能消灭即消灭，不能消灭的话，就通报给炮兵和航空兵。1999年12月1日，列别德率领的分队在一段废弃的铁路边与车臣武装展开激战，他们只有15人，对方则超过80人。激战中，他的战友涅斯捷林科与阿尔古诺姆不幸牺牲，列别德冒着纷飞的弹片把战友的尸体抢了回来。

2003年夏，在乌卢斯－凯尔特居民点执行任务时，列别德不幸踩到地雷，失去一只脚。伤愈后，列别德被确定为二级伤残，但他却拒绝退役，而是装上假肢后继续战斗。就在许多人对他的能力表示怀疑的时候，他已经穿着假肢伞降到敌人后方去了。

2005年1月9日的战斗中，列别德上尉率领的行动小组陷入敌人的包围。在敌众我寡的情况下，列别德利用敌人试图活捉自己的机会，辗转迂回，消灭大量敌军，最终突围成功。

为表彰列别德（此时已升任大尉）的英勇行为，2005年4月6日，时任俄总统的普京签署命令，授予其"俄罗斯英雄"称号，同时授予金星奖章，而他所在的独立第45特种侦察团也被授予"近卫"称号。此前，列别德已荣获过3枚红星勋章、1枚三级在苏联武装力量中为祖国服务勋章、3枚英勇勋章。2008年8月，已荣升中校的列别德又率部参加在南奥塞梯进行的反击格鲁吉亚战争，他率部搭乘直升机，空降格鲁吉亚军港波季，夺取大批军火，其中包括多辆美国军援的悍马军车。由于在战斗中表现突出，列别德获得俄罗斯四级"圣乔治"勋章。

2011年4月4日，在莫斯科州库宾卡市，俄罗斯总统梅德韦杰夫视察空降兵独立近卫第45特种侦察团，并亲自接见列别德。

2012年4月，列别德因车祸丧生。

卡拉什尼科夫和他的作品

一代"枪王"逝世，为国效力无悔

记俄轻武器设计大师
米哈伊尔·季莫费耶维奇·卡拉什尼科夫

文 — 雷炎

2013 年 12 月 23 日，"AK-47 之父"米哈伊尔·季莫费耶维奇·卡拉什尼科夫在俄联邦乌德穆尔特共和国的伊热夫斯克市病逝，享年 94 岁，他毕生奉献轻武器事业，保守估计其研制的枪械产量超过一亿支，武装了 100 多个国家的军队，称其为"世界枪王"毫不为过。正如俄罗斯《生意人报》的评论文章所言："卡拉什尼科夫走了，一个时代结束了，但他缔造的 AK-47 会继续发出坚定的'哒哒'声。"

保卫祖国的意念

1919 年 11 月 10 日，卡拉什尼科夫出生在中亚阿尔泰草原小村库里亚。1926 年，卡拉什尼科夫进入十年制学校，毕业后在铁路部门当一个技术秘书。1938 年秋，他应征入伍，并进入乌克兰哈尔科夫的坦克驾驶学校学习。在学校里，他参与了机枪稳定器和炮击诸元标定器的设计。很快，年轻的卡拉什尼科夫依靠自己的发明，获得了军区司令员朱可夫颁发的功勋手表。

1941 年 6 月 22 日，纳粹德国入侵苏联，卡拉什尼科夫作为一辆 T-34 坦克的上士车长参战。在布良斯克战役中，卡拉什尼科夫身负重伤，被送回后方救治。在医院里，他不断听到负伤战友对手中武器的抱怨，最突出的就是为什么我们没有像敌人一样的连发枪。出院后，卡拉什尼科夫前往莫斯科奥尔忠尼启则航空学院学习。在那里，他不仅系统地学习了轻武器设计，而且把全部精力都用于研制自动枪械。

1943 年，他设计的第一款自动步枪问世。然而，卡拉什尼科夫的处女作没能赢得苏联国防委员会的青睐，因为它与刚装备部队的 PPS-43 冲锋枪相比没什么实质性优势。

失败没有让卡拉什尼科夫灰心，他开始反思自己的设计思路。通过一番研究，他意识到自己忽视了弹药对枪械的作用。当时苏军使用的枪弹主要是1896 式手枪弹和 1891 式步枪弹，二者的威力都太大，不适合用于自动武器。要研制出革命性新枪，首先要解决弹药问题。

不久后，卡拉什尼科夫发现弗·格·费奥多罗夫早年研制的"短子弹"（M43 短弹）威力适中，便围绕"短子弹"展开新枪研发。1944 年，一款使用 M43 短弹的卡宾枪问世了。它采用的闭锁机构成为日后 AK 系列枪械的核心。

卡拉什尼科夫的葬礼

"AK"出世

二战结束后，苏联和美英等国分道扬镳，世界进入冷战时代。面对西方国家的军事压力，苏联必须保持军工投入，力求在武器方面更胜一筹。1946年，苏联国家武器评审委员会举行步枪招标，卡拉什尼科夫就以之前研制的卡宾枪为基础，推出AK-46样枪参选。这支枪采用冲压铆接机匣，可选单发和连发，30发弧形弹匣的入口在机匣下方，枪托、前握把和护木都是木制。

由于有多位著名设计师的作品参选，竞争非常激烈。军队领导乃至著名武器专家捷格佳廖夫都对看起来普通的卡拉什尼科夫上士比较轻视。在高层领导面前，卡拉什尼科夫显得很紧张，在设计草图上签名时，他签上去的竟然不是姓，而是"米·季"（名字的首字母）。

经过初选，包括AK-46在内的三种样枪被指定参加最后评审。在严酷的对比试验中，AK-46被故意撒满沙土和灰尘，被用绳子拖过沼泽地，还被从一米多高的地方往混凝土地面上扔。之后，就立刻开始射击，但AK-46始终能正常发射。连续发射1.5万发子弹，枪管都打红了，但AK-46却没有发生任何故障。其他样枪都没有达到这种程度。试验结果上报到国防部后，评委们一致认为AK-46是最佳选择。

评审结束后的某一天，一个工兵上校跑来告诉卡拉什尼科夫，他设计的样枪被定为苏军制式装备，这就是 AK-47 步枪传奇的开始。这一年，卡拉什尼科夫拿到了令众人羡慕的斯大林奖金。同年，他被调到伊热夫斯克兵工厂，监督步枪生产，并继续完善设计。此后，他不仅设计出改进型的 AKM 步枪，还发展出一系列班排用机枪，它们与步枪形成完整枪族，使苏军基层步兵火力长期领先。

现实主义的选择

卡拉什尼科夫为苏联国防工业工作了半个多世纪，可是苏联解体同样波及这位功勋设计师的生活。据身边人士回忆，那些岁月里，卡拉什尼科夫的积蓄因卢布贬值而变得毫无意义。他受邀参加国际会议的费用都由接待方提供，他还要省吃俭用，希望能为孙儿们买点什么。而美国 M16 步枪的设计师尤金·斯通纳却非常富有。不过，在面对斯通纳时，卡拉什尼科夫坦然地说："我并不羡慕你的钱财，毕竟你生长在美国，而我是在俄罗斯。"

很长一段时间，为了自家生计和国家荣誉的需要，卡拉什尼科夫访问过许多国家，在那些国家的靶场里，他感觉很舒畅，可是随员却总想着去免税店购物。久而久之，卡拉什尼科夫不想带这些"沾光的人"出国了，而且也对外国的邀请产生了反感："那些想请我去讲学的人，都是想让我免费提供改进武器的思路和建议。"说起卡拉什尼科夫，他的儿子安德烈表示，"父亲是从战争年代走过来的人，对他们这一代人来说，首要的不是眼前的物质要求，而是高于一切的祖国利益。"

曾有美国记者指责卡拉什尼科夫设计的武器屠杀了数以百万计的人，卡拉什尼科夫气愤地表示："我收到过几百封士兵来信，信里写道：多亏我的步枪他们才能生还。如果有人认为没有我和 AK-47 就会天下太平，那就大错特错了。说到底，我的武器在更多意义上不是剑，而是盾，我所做的一切都是为了保卫祖国。至于它们落入罪恶之手用来制造冲突，那不应该请教武器设计师，而要从政治家那里寻找答案。"

卡拉什尼科夫去世后，许多俄罗斯民众在网上留言悼念，其中一句留言颇有道理："如果你是乐观主义者，那你去学金融；如果你是悲观主义者，那你去学传教；如果你是现实主义者，那你去学 AK-47。"

俄潜艇设计师科尔米里岑

"老法师"醉心设计"大洋黑洞"

记俄罗斯功勋潜艇设计师
尤里·科尔米里岑

文 — 雷炎

据俄罗斯卫星网报道，为了强化俄罗斯在地中海和黑海的军事存在，从2015年以来，俄黑海舰队快速列装了多艘基洛级636型潜艇，其中一艘"顿河畔罗斯托夫"号还在2015年底从地中海水下发射"口径-S"巡航导弹，打击叙利亚境内的极端组织"伊斯兰国"（IS）。据悉，作为世界上最畅销的一种常规动力潜艇，基洛级潜艇有着"大洋黑洞"的美誉，而它的设计师尤里·科尔米里岑却很少有人了解。

父亲的礼物是水雷

俗话说："兴趣是最大的老师。"纵观科尔米里岑的成长经历，来自军用船舶的独特吸引力是让他走上科研之路的重要因素。

1932年，科尔米里岑出生于哈巴罗夫斯克一个造船世家，其父就是一位潜艇设计师。10岁的时候，小科尔米里岑就首次感到自己想成为真正的潜艇兵，因为他父亲参与建造的潜艇"列宁人"号成功在日本海试航，他给家里带来绝对刺激的玩具——一颗潜艇教学用的训练水雷。也正是从那时候起，科尔米里岑开始对复杂的军事机械特别是潜艇产生了浓厚的兴趣。他后来在接受记者采访时说："潜艇才是人类发明的最复杂武器，与精密的潜艇相比，宇宙飞船简直就是玩具！要知道，我们是把人装在金属容器里送到海底，那里的压力可不是太空中的一个大气压，而是几十个大气压，艇员所处的环境比宇航员危险多了。我一生中设计过多款潜艇，但我并不认为自己的思路走到了尽头，相反我还有很多计划和创造性想法。"

对军用船舶技术的迷恋，使得科尔米里岑没有像父母期待的那样向文科和艺术专业方面发展，反而报考了远东工学院军舰建造系。由于他的成绩优秀，在上完一年级后便转到列宁格勒船舶建造学院深造。1956年大学毕业后，科尔米里岑进入苏联造船工业部第18设计局（后为红宝石中央海事设计局），从低级工程师一步步干到总设计师，参与了苏联四代常规柴电潜艇（641型、641B型、877型、636型）和俄罗斯第一代常规动力潜艇（677型）的设计工作，按照他的设计方案建造的潜艇总数已超过百艘。

俄海军官兵参加 636 型潜艇交付仪式

因遭受核辐射转岗

需要指出的是，科尔米里岑一开始不想搞常规柴电动力潜艇，在他年轻的时候，全苏联都在为核动力船舶而痴狂，如果哪位工科生能参与到涉核产品开发，就代表着无上荣光，而科尔米里岑的毕业论文就是一艘巡航导弹核潜艇的设计方案。然而，当他进入设计局时，却被安排在641型常规潜艇的开发团队里，而且做的是非常基础的艇艉纵舱容积计算工作，说准确点，是对别人设计的纵舱容积进行核对。

因为工作很不对心思，科尔米里岑一度感到委屈，但后来他这样评价那段时光："生活的真谛就在这里，什么事都要从最基础的地方做起，而且我很感谢导师让我从最简单的事情干起，逐步迈向成熟。"毫无疑问，设计局的老前辈们不是瞧不起这些后生晚辈，而是要对其进行培养后再担当大任。几年后，展露才能的科尔米里岑加入了尼古拉·安德烈维奇·克里莫夫领导的659型巡航导弹核潜艇研发团队，参与了许多难忘的科研工作。

其中，让科尔米里岑记忆最深刻的是一次 659 型潜艇项目的"生死试验"。"众所周知，反应堆是核潜艇的'心脏'，可在试运行时总能听到不明原因的碰撞声，如果查不出异常声响的来源，那么反应堆就无法过关，核潜艇研制也将停摆。"为了找到症结，科尔米里岑自告奋勇在反应堆旁边呆了好几天，最终找出了异常声响的原因——反应堆温度升高后一些固定螺栓受热膨胀，在反应堆壳体和盖子间形成小间隙，导致盖子频频与壳体相撞。设计缺陷被改正，但科尔米里岑由于受到长时间的核辐射，出现血液异常问题，不得不离开核潜艇建造工作，经休养后转入常规潜艇开发。

对工作充满"贪婪"

诞生于苏联时期、至今仍是俄武器出口明星的基洛级常规动力潜艇依旧受到多国海军青睐，该级潜艇就是科尔米里岑的杰作。早在 30 多年前进行设计时，他就提出著名的"系统总成"观点，即避开潜艇多个子系统落后于西方产品的短板，务求通过合理搭配和系统优化提升整体性能，确保项目技术的成熟度与开发进程的顺利推进。

基洛级潜艇的设计取得巨大成功，由于出色的静音性能，该级潜艇被称为"大洋黑洞"。现在，基洛级潜艇的两大亚型——877 型和 636 型已在六个国家服役，累计出口量达到 35 艘。俄罗斯国营武器出口公司总经理阿纳托利·伊塞金曾说过，如果没有基洛级潜艇的大量出口，就没有俄罗斯军用造船业的生存。

对于自己的贡献，科尔米里岑有着清醒的认识："我一直坚持认为，成功需要依靠团队才能取得，在红宝石设计局，我领导的潜艇设计项目组曾有 500 名成员。对于工作，我是个非常贪婪的人，曾连续 11 年没有休假，我希望我的团队能和我一样投入。当然，任何团队都有想偷懒的人，我会定期让一些人离开，整个团队就能不断完善和进步。"

尽管已年过八旬，但科尔米里岑在设计局里仍有着崇高的威望，堪称"老法师"。即便是俄军现役最先进的拉达级 677 型潜艇也是他的杰作。首艇"圣彼得堡"号已经交付俄罗斯海军，该型潜艇的最大特点是自动化程度高，全艇人员编制从基洛级的 52 人减少到 34 人，而攻击力、水下潜伏时间、安静性等指标都有显著提高。

索洛莫诺夫

他主持研制了"白杨–M"与"圆锤"

记俄罗斯著名洲际导弹设计大师
尤里·索洛莫诺夫

文 — 毕晓普

俄罗斯总统普京曾在多次演说中强调："俄罗斯必须有强大的国防，尤其是无与伦比的战略核导弹，我们不应该以软弱来表达自己的立场与态度！"这番话让莫斯科热力工程研究所前（MIT）所长尤里·谢苗诺维奇·索洛莫诺夫感到热血沸腾，这位缔造"白杨-M"和"圆锤"洲际导弹的军工元勋相信，高层的重视让俄罗斯战略核力量的发展迎来"第二春"。

30 年内打遍全球无敌手

自冷战结束以来，以美国为首的北约不断蚕食俄罗斯的势力范围，反导系统日益逼近俄罗斯的国门，俄罗斯的国家安全受到巨大影响。为了争取国内民意的支持，俄罗斯领导人把更多的时间花在政策宣传上，以提高民众的危机意识。俄总统普京曾在一场题为"图强：保障俄罗斯国家安全"的演说中，公开强调只要俄战略核武器能保持很高的战备水平，别国就休想对俄罗斯发起大规模入侵。他透露，俄战略火箭兵换装"白杨-M"洲际弹道导弹的速度在加快，新型陆基洲际导弹的装备比例从 13% 提升至 25%，而配备给 955 型战略核潜艇"尤里·多尔戈鲁基"号和"亚历山大·涅夫斯基"号的"圆锤"潜射导弹也进入全面量产阶段。

普京称，俄罗斯计划在 2011—2020 年投入 23 万亿卢布，列装至少 400 枚陆基和海基洲际弹道导弹，并采购八艘 955 型战略核潜艇，"打造能够保障俄罗斯主权、伙伴国安全和持久和平的军队和军工系统"。他认为，这一巨额投资并未过度挤占政府预算，而是与俄罗斯的能力与资源相适应的，实质上是对"多年来军费投入不足的补偿"。

得知克里姆林宫高层的强军举措后，索洛莫诺夫非常兴奋，他曾对身边退休的老战友说："瞧！我们的'宝贝'（指导弹）是俄罗斯的守护神，它们将在未来 30 年内打遍全球无敌手！"

索洛莫诺夫出生于 1945 年 11 月 3 日，1969 年毕业于莫斯科航空学院，1969—1971 年在苏联战略火箭军服役，退伍后便进入 MIT 工作，1997 年成为所长。他几乎参加了 MIT 所有导弹项目的设计工作，但"白杨-M"导弹给了他最大的成就感。

"白杨-M"导弹数年前在红场首次亮相后立即成为全球军事专家、媒体

"白杨 –M" 洲际导弹

的关注焦点，甚至被称为"红场宠儿"。国际军事观察家认为，索洛莫诺夫主持研制的"白杨–M"导弹已经成为俄军的"绝对主角"——俄军准备装备总计700枚"白杨–M"。

"核长矛"突破反导系统

"白杨–M"直径1.81米，带弹头长22.55米，不带弹头长17.5米，发射重量46.5吨。它凭借四大特点称雄全球。

首先是依靠三级固体燃料火箭提供的巨大推力，射程可达1.1万千米。它不仅能覆盖美国国土，而且当它要突破美国的国家导弹防御体系时，可以避开美军重点设防的北极防线，从东、西两个方向打击美国境内的所有重要目标。更让对手头痛的是，"白杨–M"装载在MAZ–7310运输车上通过公路机动，

现代军事人物

很难确定其位置。俄军事专家费德多夫说："敌人根本确定不了'白杨－M'导弹发射车的准确坐标，只要敌人的卫星运行到这一区域上空，发射车就能从一个阵地机动到另一个阵地，在行军途中只需两分钟就可发射。"

其次，"白杨－M"导弹发射后，从俄本土打到美国，只需十几分钟。它也因此被称为"快速燃烧火箭"。

再次，"白杨－M"导弹安装单弹头时的核装药当量达 55 万吨 TNT，杀伤力足以让任何敌人胆寒。它还可以安装分导式多弹头。

最后，"白杨－M"导弹是很难拦截的，有研究证明，当导弹所携带的分导式核弹头数量超过 5 枚时，拦截导弹基本上就会失去效果，而"白杨－M"导弹的分导式弹头数多达 10 枚，并能够自由改变飞行轨迹，进行纵深机动，这使得"白杨－M"在面对任何一种反导防御系统时都具备很高的突防效率。

国家安全才是最重要的

尽管"白杨－M"导弹如此先进，可是索洛莫诺夫所经历的开发过程却留下不少痛苦的回忆。据他回忆，这款导弹的设计工作始于 20 世纪 80 年代末，1992 年确定将在 RS－12M"白杨"型洲际弹道导弹的基础上进行改进，首次试射定在 1994 年 12 月 20 日，预计部署时间则是 1997 年 12 月。然而苏联解体后，俄罗斯国家经济陷入困境，武器采购大量减少，主要依赖国防订货的军工企业被迫自谋出路。

与许多俄罗斯军工和科研机构转型为通用工业设备生产企业不同，索洛莫诺夫坚持"导弹主业"，他曾通过动用各种关系成功抢下国防部的大量订单。然而在有些时候，拿到订单只是意味着苦日子刚开始，例如索洛莫诺夫曾苦涩地回忆说："国防部要求我们研发 R－30'圆锤'潜射导弹，取代装备 941 型核潜艇的 R－29RM'轻舟'潜射导弹。可 MIT 是研制陆基导弹的'专业户'，根本没有潜射导弹的研制经验。"

在各类导弹的研制过程中，索洛莫诺夫经历了浮浮沉沉，但对于这些荣辱往事，索洛莫诺夫已经看得非常淡了，在他的眼里，"国家安全才是最重要的"。

邓福德

文 — 秦真

"好斗的乔"防止中东伙伴"反水"

记美国参谋长联席会议主席
约瑟夫·邓福德

2015 年 9 月俄军介入中东反恐战事后，美国突然感到自己领导的反恐联盟有些"离心离德"，尤其是自己一手扶植的伊拉克政府不仅接受俄方情报服务，还流露出欢迎俄军助战的意思。为了稳住阵脚，2015 年 10 月底，新任美国参谋长联席会议主席约瑟夫·邓福德四星上将突访伊拉克，用软硬兼施的办法促使伊方答应不邀请俄军入境打击极端组织"伊斯兰国"（IS）。美国《星条旗报》指出，邓福德曾在伊拉克征战多年，对那里的形势比较了解，总统奥巴马希望这位"老将"能尽快扭转局面，维护美国在中东的"领袖地位"。

发起"说服攻势"

2015 年 10 月 20 日—22 日，邓福德率领的美国军事代表团对伊拉克巴格达中央政府和北部库尔德自治区进行"旋风访问"。在此期间，美军也罕见地实施地面行动，协助库尔德武装突袭 IS 营地，解救数十名人质，这被外界解读为美国用行动来安抚伊拉克人，避免其脱离美国的"反恐战车"。

据美联社报道，针对伊各派力量，邓福德展开积极的游说工作，介绍美国的反恐新措施，承诺向伊政府军和库尔德武装提供更多武器弹药，增加援伊军事顾问数量等。他还在公开场合称赞伊政府军取得的反恐战果（如收复拜伊吉炼油厂），并暗示伊军之所以取得这些战绩，离不开美国的帮助。

专家分析，邓福德抓住伊政府"首鼠两端"的心理，一方面加大军援力度，笼络住伊拉克军政部门，避免被俄罗斯进一步打开"缺口"；另一方面，他通过高调访问伊北部库尔德自治区，观摩库尔德武装菲什梅加的演习，让巴格达意识到美国随时可能支持库尔德人"自立门户"。库尔德自治区拥有该国 1/3 以上的石油资源，完全具备与中央政府分庭抗礼的实力，一旦巴格达"弃美亲俄"，美国有足够的手段来"修理"它。邓福德的"游说攻势"似乎很有效，伊拉克官员已向他承诺，不会邀请俄军作战部队进入本国境内反恐，仍将"唯美国马首是瞻"。

但邓福德的安抚工作难以起到长远效果。澳大利亚《悉尼先驱晨报》认为，打击恐怖主义在需要持久军事手段的同时，还需要各方联手，依靠系统、全面的措施共同应对，然而美国拒绝与俄罗斯、伊朗等国在打击 IS 问题上进行合作，这严重撕裂了应对极端组织的"共同战线"，给 IS 可乘之机。特别是

美军进行空地协同训练

在伊拉克，由于认定伊朗革命卫队参与伊拉克政府军的反恐行动，美军在多数时间里选择观战，仅向由库尔德武装主导的北部战场提供空中支援。美国战略与国际问题研究中心国防问题专家科德斯曼指出，鉴于 IS 经常动用"自杀式汽车炸弹"，邓福德答应向伊政府军提供 2 000 枚反坦克导弹，此外再无更多应对极端组织的措施，"这些导弹解决不了根本问题，中东反恐依然任重道远"。

名将"大器晚成"

具体到邓福德本人，他出生于 1955 年 12 月 8 日，祖籍爱尔兰，是凯尔特人的后裔。邓福德的家族从军史可追溯至一战，祖父是赴欧洲大陆作战的美国陆军炮兵军官，在 1918 年粉碎德军"鲁登道夫攻势"的战斗中荣获勋章；而父亲是老资格的陆战队员，在太平洋战场上和日本人拼过刺刀。受家族传统影响，邓福德 1977 年大学毕业后即加入海军陆战队，随后又先后在美国陆军战争学院、游骑兵学校以及两栖作战学校接受培训，拥有两个硕士学位，被公认为陆战队中的特种作战专家。

就个人成长史而言，邓福德算得上"大器晚成"，他先是在陆战1师任排长、连长，之后辗转陆战队总部、陆战2师等部队，军职始终没能超过连长。直到2002年，他才当上陆战1师第5团团长，并于次年参加伊拉克战争。2003年3月，美军从科威特出发，第一个作战目标是鲁迈拉油田，该油田是保证伊拉克战后重建的关键资产，美军司令部担心萨达姆军队会破坏这些油田，因此夺取油田的任务就交给第5团。按照作战计划，该团连续推进1 000多千米，最终顺利拿下了鲁迈拉油田，并沿萨达姆河建立了一条确保油田安全的隔离带，其间当地千余口油井中只有十余口遭到破坏。

在为期33天的伊拉克主要战事中，第5团作为美军陆战1师的前锋，占领了数十座村庄和机场，特别是在夺取巴格达的战斗中，邓福德亲临一线督战，击溃萨达姆的王牌麦地那师，获得"好斗的乔"的称号。可以说，伊拉克战争是邓福德军事生涯的分水岭。2008年4月，邓福德的少将与中将晋升命令同时下达，他肩头的将星由一颗一跃变成三颗。2010年10月，邓福德又从中将晋升为上将，任美国海军陆战队副司令。2015年9月，他正式出任参联会主席。

美国《星条旗报》介绍，邓福德以铁腕治军著称，在担任海军陆战队副司令期间，他带头整治部队中的酗酒问题，严厉打击军内侮辱新兵现象。邓福德在陆战队应用模式、体制改革等方面都有不少创新，指挥部队在"大胆美洲鳄""关键决心"等演习中与海军舰艇部队协同训练，他尝试向女性开放陆战队战斗岗位甚至特战岗位。邓福德并非一介武夫，在民事作战方面也颇有章法。在伊拉克主要战事结束后，他所指挥的陆战第5团把主要精力放在赢取伊拉克民心上，他还成为伊拉克南部卡迪西亚省的临时管理者，指挥部下用微笑和热情拉近与当地居民的关系，由于策略得当，第5团在维护当地稳定的过程中无一伤亡。

美国布鲁金斯学会军事研究员欧汉龙表示，奥巴马总统选择邓福德担任参联会主席，主要基于邓福德是现行国防政策的绝对拥护者。邓福德入主参联会，既能确保奥巴马政府"重视亚太"的战略意图在军队系统得到认真贯彻，同时又能兼顾中东防务事务，避免美国未来在中东、亚太两大战略方向上顾此失彼。

艾伦

文

—

雷
炎

退役将军重披战袍打击极端势力

记美国退役海军上将
约翰·艾伦

2014 年 9 月 23 日开始，美国空军对极端组织"伊斯兰国"（IS）位于叙利亚境内的训练营展开空袭，标志着美国军事介入中东危机进入新阶段。为了协调美国和其他盟国共同打击 IS 的行动，美国总统奥巴马重新起用退役海军上将、前驻阿富汗美军司令约翰·艾伦，由他负责协调反 IS 行动联盟。美国国务院发言人玛丽·哈尔夫表示，约翰·艾伦的主要任务是"建立、协调和保持"这一国际联盟，以便从多个层面打击 IS 并最终将其摧毁。

调动他国力量反恐

据法新社报道，约翰·艾伦不会亲自参与联盟的军事行动决策，这一任务由美国中央司令部负责，艾伦只负责敦促盟国提供军队以及协调美军使用盟国军事基地等事宜。

有分析称，日益增加的军费支出，令美国深感不安，它迫切希望盟国军队能接手一些任务。据阿联酋《海湾时报》报道，自 2014 年 6 月 16 日美国首次派军事顾问团到伊拉克实地调查以来，美国已在打击 IS 的军事行动中花费超过 5.5 亿美元。五角大楼发言人承认，从 6 月开始，美军每天打击 IS 行动的平均花费为 750 万美元，这一数字随着美军将空袭范围从伊拉克境内扩展到叙利亚境内而进一步攀升。美国《连线》杂志因此呼吁："中东有关国家要更多为自己的生存而战，不能指望美国包办一切。"

美军联合参谋部作战部长梅维尔曾表示，在对叙境内 IS 目标的首轮空袭中，沙特、卡塔尔等海湾阿拉伯国家空军也配合了美军行动，这似乎是个好兆头。但军事专家观察，这些国家纯属"打酱油"，所出动的兵力十分有限，主要作战行动仍由美军承担。很显然，被奥巴马委以重任的艾伦能协调出多少盟国武装力量参战，并且让他们成为反 IS 的主力，将对中东反恐行动的成败起到关键作用。

曾当公关"消防员"

外界评论称，白宫重新起用约翰·艾伦主要是看重他勇于"临危受命"的胆气和"危机管控"的能力。

艾伦 1953 年出生于弗吉尼亚州的奥克顿市，其父是一名参加过二战的老兵。1976 年，艾伦以优异成绩毕业于安纳波利斯海军学院，后进入其他学校深造，获得国家安全和战略情报两个专业的硕士学位，并于 1985 年回归舰队陆战队部队。仅三年时间，他就从激烈的竞争中脱颖而出，获得"莱夫维奇奖"。该奖专门授予那些极有发展潜力并表现出杰出领导才能的上尉军官，是美国海军陆战队军官梦寐以求的荣誉。

虽然约翰·艾伦从军后的经历有着不少亮点，但真正让艾伦在美国军界名声大噪的是他曾促成了美军与伊拉克逊尼派部族首领结盟。

2006 年，艾伦被派往伊拉克安巴尔省，成为驻扎当地的美国海军陆战队第 2 远征旅旅长。当时伊拉克各地针对美军的袭击频发，让驻伊美军焦头烂额。艾伦深入分析 19 世纪英国传奇女性葛楚德·贝尔对阿拉伯部落文化的研究，潜心钻研当地的"部族政治"，并从中找到灵感。艾伦认为，伊拉克社会深受宗教部族文化影响，美军之所以在伊拉克面临糟糕局面，就是因为忽视了当地宗教部落和宗教长老的作用。在他的建议下，美军逐渐停止了缺乏明确目标的轰炸行动，转而尝试与当地部落宗族合作。

凭借对"部族政治"的理解和"胡萝卜加大棒"的手段，艾伦扶持起一批部族长老，依靠部族民兵接管地方警察局，将曾爆发反美血战的费卢杰打造成驻伊美军的坚固堡垒。他还利用当地宗教首领，引导伊拉克民众自发对抗"基地"组织。

在伊拉克取得的成绩为约翰·艾伦积累了雄厚的政治资本。2011 年 6 月 30 日，带着对"部族政治"的研究和操作经验，艾伦成为首位全面负责阿富汗战争的美国海军陆战队将军。

甫一上任，约翰·艾伦就成了驻阿富汗美军的公关"消防员"：2011 年 10 月 3 日，华裔美军士兵陈宇晖遭到战友种族主义侮辱，并虐待致死，艾伦坦然接受国会质询，努力避免丑闻后续效应扩散；2012 年 1 月，网上流传一段美军士兵向塔利班人员尸体撒尿的视频，驻阿美军因此遭到各方谴责，艾伦迅速应对，彻查并严惩当事人，减小事件的影响；2012 年 3 月 11 日，一名美军士兵枪杀 16 名阿富汗平民，艾伦迅速致电阿富汗总统卡尔扎伊，表示向"阿富汗人民道歉"，强调"坚决调查到底"，挽救了即将破裂的美阿关系。

或许正是这些事迹，使得奥巴马每逢尴尬局面，就会想到这位老将。

艾伦不能包治百病

也许由于艾伦并不想成为"危机处理专业户",他于 2013 年辞去军职,专心照顾患病的妻子。然而,奥巴马"国难思良将",再次请他出山,这位老将也不得不重新披挂上阵。与大多数喜欢用武力解决问题的美军将领不同,艾伦更像是一位"政治将军"。由于他深谙中东"部族政治",又善于协调阿拉伯国家、以色列、土耳其甚至库尔德族势力间的关系,白宫对由他来组织协调"反IS 联盟"寄予厚望。

不过,美国俄克拉荷马大学教授、中东研究中心主任约书亚·兰迪斯认为,艾伦只能起到辅助作用,美国要想真正根除滋生 IS 的土壤,关键是要改变短视的中东政策。目前美国醉心拼凑的"反恐联盟"仍是传统上的"利益结盟",美国对阿拉伯前线国家缺乏系统性的援助工作,只把军事打击(再加上一些经济制裁手段和国际情报合作)列为首要任务,无视中东宗教族群矛盾的缓和与化解,因此即便今天瓦解了 IS,明天也会出现新的极端组织,让整个地区不得安宁。

基里尔

文 — 辛星

打造"无人军团"称霸海洋战场

记美国海军无人武器系统办公室主任
基里尔少将

现代战争中，无人武器系统具有较强的灵活性，可在恶劣环境下执行任务，大大减轻后勤压力，避免人员伤亡。为了夺取未来军事技术的制高点，美国海军投入巨资支持有潜力的无人武器项目，还成立领导机构，统筹各方面的资源，确保无人武器项目与海军发展战略保持一致。据美国《海军时报》披露，目前美国海军的无人武器研发归口海军部无人武器系统办公室（内部编号N99），办公室主任罗伯特·基里尔少将全权督导空中及海洋新概念无人武器计划的实施。

有退有进，保障作战

当前美国海军最重要的无人武器项目非"舰载无人空中监视与打击系统"（UCLASS）莫属，美军希望基于通用无人机平台，通过更换不同任务模块，执行情报、监视、侦察、打击、补给等任务，最终形成一个无人机家族，目前该计划仍处于概念研究阶段。据美国"防务突发新闻"网站报道，出乎外界意料，基里尔领导的N99办公室主动向海军部和国防部建议，在2016财年和2017财年里，把UCLASS投资重点从舰载无人战斗机转向舰载无人空中加油机，后者的正式名称是"舰载空中加油系统"（CBARS）。

基里尔的解释是，CBARS的几项关键技术都是"货架产品"（即成熟技术），可有效缩短从开发到应用的过程，自然花费也会大大减少。据接近基里尔的消息人士表示，CBARS的体积将与F/A-18E/F"超级大黄蜂"舰载战斗机接近，它将具备一定的通信中继和侦察能力，但主要功能就是空中加油。美国海军发展CBARS的目的，是让现役F/A-18E/F舰载机专注于制空作战和对海对地打击，要知道当前美军舰载机采取"伙伴加油"方式，即F/A-18E或F/A-18F战机携带伙伴加油吊舱，为担负作战任务的同型机提供加油服务，据估计，F/A-18E/F舰载机20%～30%的出动架次是执行加油任务，考虑到美军舰载机数量短缺，这种局面显然束缚了美国海军航空兵发挥打击威力。

在水下无人潜航器方面，N99办公室的动作也不小。据报道，N99办公室对美国国防部高级研究计划局（DARPA）实施的"幽灵泳者"无人潜航器开发项目给予全力支持，基里尔更是隔三差五要去了解科研的进展。"幽灵泳者"的形状和游动方式类似于大型鱼类动物，通过来回摆动尾鳍前进，其长

美国海军尚在试验中的 X–47B 无人机

度约为 1.52 米，重约 45.4 千克，能在水下 0.25—90 米深处活动。"幽灵泳者"采用持久电池，能够自主工作更长的时间。它既可以通过一根长约 150 米的线缆与笔记本电脑连接进行遥控操作，也可以在不连线的状态下自主工作。在无线状态下，该潜航器会定期上浮到水面，以便接收指令和传输数据。根据DARPA 方面的说法，仿生造型使"幽灵泳者"的水下隐蔽性不错，在执行情报监视与侦察任务中具有更高的安全性，尤其采用摆动尾鳍的推进方式比采用螺旋桨推进更加安静。事实上，按照美国海军既定的《无人潜航器总体规划》，2020 年前美国海军将拥有 1 000 艘无人潜航器参与未来作战，因此 N99 办公室乃至基里尔少将的作用不言而喻。

"百科全书"式的人物

在美国海军同僚眼里，基里尔是个"百科全书"式的人物，具有丰富的实践和理论知识，尤其对新技术应用有敏锐的洞察力。1983 年，基里尔毕业于

现代军事人物

印第安纳波利斯海军学院，随后进入水面舰队工作，他先后担任过多艘护卫舰的水面作战军官，并曾随舰前往波斯湾等热点地区执行任务。1997年3月—1998年8月，基里尔负责指挥复仇者级扫雷舰"护卫者"号，它隶属于驻日本佐世保基地的第7舰队。在他的指挥下，"护卫者"号多次参与美国与日本、韩国、新加坡海军的海上联合军事演习，表现颇为突出。

2001年11月—2003年7月，基里尔担任伯克级驱逐舰"罗斯福"号舰长。在他的指挥下，该舰参加美军在阿富汗的军事行动。2005年6月，基里尔担任驻日本的美国第15驱逐舰中队指挥官，该中队实际是美国"小鹰"号航母战斗群的一部分，是美国摆在东亚前沿的重要军事力量。期间，基里尔不仅使第15驱逐舰中队在传统反舰反潜作战方面继续提高技能，同时还在海基弹道导弹防御方面（SBMD）进行探索，获得了宝贵的经验。

2010年，基里尔离开水面舰艇，担任美国海军水面作战军官学校的教官，深入研究水面作战战术。期间，他曾作为美军反大规模杀伤性武器扩散政策的规划者，代表联合参谋部战略政策分部与北约盟国代表一道协商反扩散课题。此后，他又先后担任海军副参谋长行政助理、美国海军欧洲司令部司令行政助理等职。2013年，基里尔出任"里根"号航母战斗群指挥官，并参加了代号为"鹞鹰"的美韩大规模联合军事演习。演习中，基里尔所指挥的部队投入多款无人机和无人潜航器参加训练，显示无人武器已经成为海战舞台上不可忽视的角色。

经过不同岗位的历练，基里尔的职业生涯得到极大丰富，从指挥舰艇到研究战略政策，从水面水下作战到反导作战，他都能得心应手，游刃有余，这也为他日后任职无人武器系统负责人打下了基础。2015年4月，美国海军部长雷·马布斯宣布设立N99海军办公室，专门管理无人武器系统开发事务，由基里尔出任办公室主任。按照美国海军的设想，N99办公室在无人武器系统发展过程中发挥重要的协调和整合作用，用一位学者的话说，基里尔领导的N99"是引领美国海军发展'新质战斗力'的'司令塔'"。

不过，美国《防务新闻》也指出，基里尔和N99办公室在发展无人武器系统也面临许多挑战，因为无人武器固然能避免人员伤亡，但故障率比传统武器高出许多。在美军实验和实战过程中，无人机、无人潜艇故障频繁，至今未得到根本解决。所以，N99办公室要致力于降低无人武器的事故率，提高精确度，还有漫长的路要走。

考德威尔

"老潜艇兵"执掌美海军"核心脏"

记美国海军核动力局局长
詹姆斯·考德威尔上将

文 —— 蜀东朔

继潜艇和航母用上核反应堆之后，实力居全球之冠的美国海军会让更多的舰艇步其后尘吗？美国海军核动力局长詹姆斯·考德威尔上将认为，在军费紧缩的不利局面下，更多大型水面舰采用核动力，有助于提高舰艇的在航率，符合美国军队"全球到达，快速反应"的总战略。

专家指出，核动力局看似名气不大，却能够影响甚至决定美国海军的发展方向，几任美国海军作战部长都来自核动力局，可见其地位之显赫。自然，考德威尔上将的动向也颇受外界重视。

推动作战理念更新

考德威尔生于 1959 年，1981 年以优异成绩从安纳波利斯海军学院毕业，荣获海事工程专业学士学位。随后，他加入潜艇部队，先后在"阿拉巴马"号等数艘核潜艇上服役，逐渐成长为高级指挥官。据称，考德威尔先后担任过"杰克逊维尔"号攻击核潜艇艇长、第 12 潜艇发展中队（驻康涅狄格州新伦敦基地）中队长、第 9 潜艇大队（驻华盛顿州班戈基地）大队长，在各型核潜艇上执行过 83 次部署任务。

离开一线部队后，考德威尔先后担任太平洋舰队核动力检查委员会委员、太平洋舰队司令作战需求参谋军官、北约地区政治军事事务局局长、美军全球打击联合功能局副局长。

2010 年，考德威尔出任太平洋舰队潜艇部队司令，晋升为海军少将。任职期间，他将大部分时间投入部队管理和作战理念更新上，研究水下新战法（如设定多艘潜艇执行统一任务，提升情报搜集能力），提出"水下优势构想"等概念，尤其是为前沿部署的核潜艇部队提出"战区反潜作战"概念，指导部队面对"新课题"进行演习训练。

入主海军核动力局

2013 年 8 月 7 日，考德威尔卸任太平洋舰队潜艇部队司令，转任第 39 任美国海军总检察长，军衔升为海军中将。在美国海军，总检察长领导的办公室负责管理军纪，调查海军发生的各类事故和案件，确保公众对相关问题的知情

美国尼米兹级核动力航母

权。对美国海军犯罪人员来说，总检察长办公室是他们的"天敌"。

考德威尔刚当上总检察长，就碰上棘手的"莱昂纳多行贿案"。原来，新加坡格伦亚洲海事防务公司总裁莱昂纳多·弗朗西斯通过向美国海军军官行贿，独家垄断美军舰船在亚洲港口的维修和后勤补给业务，非法牟利超过3 500万美元，此案牵涉100多名海军官员。调查期间，考德威尔曾多次遭到涉案人员所雇用的黑社会组织威胁，但他并未退缩，表示"坚决一查到底，将涉事人员全部法办"。最终，莱昂纳多锒铛入狱，而涉案的军官也受到相应的纪律处分。因为治军有方和铁腕反腐，考德威尔在美国军界和政界树立了良好形象。2015年5月15日，他被美国国防部提名为海军核动力局长，参议院仅用三个月时间就核准了这项人事任命，8月14日，考德威尔正式走马上任。

而就在同月，他被升为海军上将军衔。

在美国海军官网上，核动力局根本不出现在页面中，平时它也很少进入公众视野，显得相当神秘。它的前身是 1949 年成立的美国海军核动力处，首位领导人是"美国海军核动力之父"海曼·里科弗，他一干就是 33 年，为美国海军引进和使用核潜艇、核动力航母、核动力巡洋舰做出了重要贡献。起初，核动力处在行政上隶属美国海军舰船局（今海上系统司令部），业务上受美国原子能委员会（今能源部）领导。1982 年，核动力处升格为核动力局，直属海军作战部。2000 年，美国能源部新设国家核安全局，海军核动力局局长兼任该局副局长。

核动力局接受美国国防部和能源部双重领导，负责岸上核设施管理、核反应堆研制、核动力水面舰、核潜艇的核反应堆监管和维护、培训和管理核反应堆操作员等，是美军中最有权势的部门之一。考虑到核技术复杂性和精准性，以及确保核动力管理连续性，该局局长任期为八年，通常由潜艇部队出来的海军军官担任。由于美国海军现役潜艇和航母全都是核动力，谁当上核动力局长，就相当于掌管了美国海军主力舰的"心脏"，加上核动力局长又兼任能源部国家核安全局副局长，因此地位炙手可热。

军舰用核动力合适吗？

专家分析，考德威尔担任核动力局长后，美国海军内部的"拥核派"更有发言权了，他们鼓吹未来美国海军舰艇应朝着大型化、核动力化方向发展，在完成潜艇和航母全面核动力化后，应该将其他大型水面舰核动力化。

在考德威尔等人看来，舰船推进装置的"核动力化"，最大优点是不需要大量燃料储备便可长期航行，续航力可以说是没有限制的。以一艘排水量为10 万吨级的尼米兹级核动力航母为例，它在不补充核燃料的情况下，连续航行一年，航程可达几万海里，只消耗不到 100 千克的铀，而常规动力航母一年就要烧掉几万吨的重油，还要靠泊各地海港，以便添加燃料。核动力舰船省去了装载燃料的停泊时间，增加了航行时间，如果在缺乏港口补给设施的海区活动，核动力舰船更能显示出它的优点。考德威尔曾提到，由于美国依赖国外石油供应，使得美军舰队的海外部署变得缓慢而昂贵，再加上常规动力舰艇的续航力有限，如果遂行跨洋作战，则必须在多个战略关节点上进行燃料补充，这显然不符合快速反应作战的需求。

　　但考德威尔也承认，核动力军舰的造价往往是常规动力军舰的两倍以上，即使对富裕的美国来说这也是一项沉重的负担。更重要的是，核动力军舰也存在后勤保障困难、退役后核废料难于处理等弊端，这导致美国在 2000 年退役掉弗吉尼亚级核动力巡洋舰后，就再未建造除航母以外的核动力水面舰艇了。

马丁

文 — 张晓红

美"协调专家"执掌美韩联合部队

记驻韩美军第 2 师师长
西奥多·马丁少将

随着军费预算遭到削减，美国国防部大力缩减全球驻军的人数及预算，但部署在韩国的美国陆军第 2 机械化步兵师却"逆势扩充"，不仅新增了约 2 300 名官兵，还获得从阿富汗转移来的大批重武器。

在美韩一系列联合演习中，美军第 2 师充当了模拟进攻朝鲜的"急先锋"。正如该师新任师长西奥多·马丁少将所言，他们时刻准备"今夜投入战斗"。值得一提的是，2015 年 6 月，美韩宣布组建联合师，提升两军战术协同能力，"以更好地应对'朝鲜威胁'"，而该师首任师长也由马丁兼任。

推动两军取长补短

韩国国防部透露，联合师是 20 多年来韩美首次组建能投入实际作战的联合部队，它有助于强化韩美同盟，培养能够执行联合作战任务的专业人员。韩联社披露，联合师以集结于京畿道红云兵营的美军第 2 师为骨架，融入韩国陆军的装甲兵、机械化步兵、炮兵及特种兵力量，师长和副师长分别由美军少将和韩军准将担任，30 余名参谋官员由韩美双方对等派遣。联合师平时保留指挥框架，即韩美军人共同组成的师参谋部，战时则迅速组建以装甲旅为基本编制的突击力量，遂行多种战役战术任务。

从当前美韩步兵师编制看，双方各有特色，理论上组建联合师可以"取长补短"。韩国师仍维持越南战争时代形成的旧编制，即师以 2 个机械化步兵团（各辖 4 个步兵营）、1 个装甲团与 1 个炮兵团（辖 3 个 105 毫米牵引炮兵营和 1 个 155 毫米牵引炮兵营）为核心，同时加强 1 个机械化侦察营、1 个工兵营、1 个通信营、1 个化学营、1 个补给营、1 个医护营、1 个武装直升机营等，适合传统攻防。特别是若遭遇朝鲜大规模机械化军团正面冲击时，韩国师所形成的防线能保持既有韧性，又有相当的弹性，能为后续部队集结与反攻赢得时间。如果用于进攻，韩国师所具备的充沛火力和装甲突击力，在半岛狭窄空间可以发挥独特作用。

至于驻韩美军第 2 师，则在多轮改革后形成了"轻重结合"的网络中心战部队，其下辖的第 2、3、4 旅均为闻名遐迩的斯特瑞克旅级战斗队（SBCT），能在 96 小时内进行跨越 5 600 千米的异地战术展开与作战。它还有一个重装的装甲旅驻在韩国东豆川，该旅装备有先进的 M1A2 坦克、M2A2 步兵战车及

驻韩美军坦克部队

M109A6 自行火炮，负责在"有事"时顶住朝军的"第一击"。可见，美军特长是信息化程度高，机动灵活，韩军则熟悉半岛既有地形和传统陆战，两者结合成同一单位，将使原有的战场突击力和 C4ISR 信息战能力得到集成，更适应未来半岛作战的需求。

美国《星条旗报》指出，美韩联合师的奥妙就在于"联合"，如何协调双方指挥及保障关系、培养能够执行联合作战任务的专业人员是重中之重，"在这一方面，马丁少将是无可挑剔的专家，他的人际协调能力以及丰富的实战经验可以助其一臂之力"。该报对马丁的任职前景也表示乐观："作为联合师的主体，美军第 2 师在 2015 年初举行的美韩'关键决心'演习中就与韩军进行了战术协同，相信在马丁领导下，这支部队今后能创造出更多联合训练机会，提高盟国的作战能力。"

军中"学霸"面临挑战

马丁毕业于美国西点军校，后来又获得过海军战争学院、陆军战争学院以及韦伯斯特大学颁发的国家安全与战略研究、战略研究以及商学三个硕士学位，堪称美军职业军官中的"学霸"。

据报道，马丁的祖上多为行伍出身，像他的父亲就经历过1950—1953年朝鲜战争。《星条旗报》曾打趣地说："如果没有这样浓厚的军人家庭背景，马丁或许会成为杰出的大学教授。"

21世纪以来，马丁相继前往阿富汗、伊拉克和也门等国作战，积累了丰富的实战经验。在阿富汗战场，马丁花了很长时间去了解当地环境，发现阿富汗城镇的特点是高楼不多，城内道路大都比较宽阔，建筑物之间要么是互相连接（多在城内），要么是单独矗立（多在远离市中心的郊区），几乎每家都有一个小庭院。在规划行动时，马丁都要求作战参谋把这些地形特点考虑进去。实施"定点清除"行动时，马丁要求部队只能将"悍马"军车用作外部警戒的路障，而不是直接乘车冲到目标建筑物附近，因为阿富汗人非常熟悉"悍马"军车发出的声响，如果乘车接近目标，敌人有可能提前察觉，然后逃之夭夭。他还强调，步兵分队执行警戒和搜索任务时，不能死板地按照野战手册（FM）的规定行动，一切都要根据实际情况灵活处置。

2013年2月，马丁以准将军衔出任美军欧文堡国家训练中心司令，一个月后，他的军衔晋升为少将。此前，他已获得杰出服务勋章、功绩勋章、铜星奖章、陆军成就奖章等多项荣誉，同时还被拥有150年历史的美军第10骑兵团吸纳为荣誉成员。美国陆军司令戴维·罗德里格斯曾表示，马丁对手下的官兵关爱有加，是一名"擅长协调各方关系的高级领导者"。

2015年4月24日，马丁接替汪达尔少将，出任驻韩美军第2步兵师师长。他在就职典礼上说："我很荣幸，能够来到父亲曾经打过仗的地方任职。但对于自己能成为第2师师长，我仍感觉诚惶诚恐。"他还对参加典礼的韩国客人表示感谢，"我很高兴能与韩国军队同事们一起共事，期待我们在未来的日子里进行富有成效的合作"。

尽管韩国政府把美军第2师看成是维持朝鲜半岛军力平衡的"重要砝码"，但韩国民众普遍对该师表示反感，因为美军驻扎韩国的开支一多半都由韩国纳税人负担，而且第2师的大兵屡屡触犯韩国法律，令美韩军地关系十分紧张。尽管马丁的前任汪达尔师长曾下过整肃军纪的命令，甚至警告严重违纪者将被"非名誉退伍"，但实际效果依然不彰。分析人士认为，美军此时把擅长协调各方面关系的马丁调来当师长，某种程度上也是出于改善美军第2师形象的考虑。

现代军事人物

斯托尔滕贝格

擅长同俄罗斯交际的北约"新掌门"

记北约秘书长
延斯·斯托尔滕贝格

文　|　雷炎

2014 年 3 月 28 日，北约理事会决定，由前挪威首相延斯·斯托尔滕贝格担任北约秘书长。值得关注的是，这位"新掌门"曾经强烈反对北约的扩张政策，尤其反对与俄罗斯搞对抗。然而，因乌克兰、叙利亚等问题，北约与俄罗斯的关系变得日趋紧张，斯托尔滕贝格接下去的路显然并不好走。

开出租车的首相

1959 年 3 月 16 日，斯托尔滕贝格出生在奥斯陆一个富裕家庭，父亲托尔瓦曾是挪威王国外交大臣，母亲也当过重量级官员，妻子则是一位外交官。不过，斯托尔滕贝格和家人都非常低调。青年时代的斯托尔滕贝格崇拜切·格瓦拉，对使欧洲乃至世界陷入动荡的美苏冷战和美国在越南的血腥杀戮充满厌恶。据他的朋友回忆，当时的斯托尔滕贝格经常参加反对越战的示威，还拿石块砸过美国驻挪威大使馆。

从某种意义上看，斯托尔滕贝格在相当长时间里应算作欧洲新左派人士。他出生于二战后西方"婴儿潮"时期，是在 20 世纪 60 年代进入青年期的那一代的典型人物。这些新左派人士喜欢参加社会活动，年轻而不保守，他们的家庭也比较富裕，这些人愿意重新思考"西方梦"的含义，探讨西方社会的发展方向。

在职业生涯的前几年，斯托尔滕贝格作为记者频繁出入欧美国家。他认为应该"重新评估"西方国家的各种社会问题和国际问题，积极呼吁"改变秩序"。之后，随着年龄和阅历的增长，斯托尔滕贝格逐渐从理想主义向现实主义过渡，尤其是 1990 年步入政坛后，他的政治立场更加温且具有建设性，逐渐在政府、议会和党派内担任重要职务。

2000 年 3 月，41 岁的斯托尔滕贝格成为挪威历史上最年轻的首相，并于 2005 年 10 月再次出任首相，直到 2013 年 10 月辞职。斯托尔滕贝格对内主张提升社会福利和维护社会公平，并在此基础上推动经济发展和政治改革。在外交方面，斯托尔滕贝格倡导和推动联合国框架下的多边主义，热心支持阻止气候变化等国际项目。

2011 年 7 月 22 日，挪威右翼极端分子制造于特岛惨案，导致数百人伤亡，包括首都政府大楼在内的多座建筑严重损毁。事件发生后，无论是慰问生

北约加紧在俄周边部署军事力量

还者和死难者家属、带领国人追悼遇难者，还是面对各国媒体，时任首相的斯托尔滕贝格都表现得极为沉稳，被传媒评价为"在危机中成长为挪威的英雄"。

更有意思的是，2013 年 6 月，也就是从首相的职位上离任前数月，斯托尔滕贝格居然身着司机制服，佩戴徽章，开着一辆黑色出租车，在首都奥斯陆街头拉活，借着与乘客聊天的机会了解民意。在与乘客的对话中，有人讨论教育政策，有人谈到环保问题，还有一位老太太认出了首相，并高兴地表示正准备给他写信，要求政府对大企业老板的薪水采取限制措施，"他们不能那样（轻松地）挣大钱"。

后来，斯托尔滕贝格在自己的社交网页上留言称："听到民众的真实想法对我至关重要。如果说有个地方能让民众说出真实想法，那个地方就是出租车。"

擅长同俄罗斯交往的人

说起来，斯托尔滕贝格对自己仕途的设计只局限于欧洲议会或挪威政坛，压根没想过自己会和"最强战争机器"北约打交道。但就在 2014 年 1 月，美国主动向挪威提议，称斯托尔滕贝格可作为北约秘书长拉斯穆森的继任人选。

挪威政府对此态度积极，政府领导人亲自出马，不仅劝说斯托尔滕贝格参选，还给北约成员国领导人打电话，为他"拉票"。华盛顿在其当选北约秘书长后发表声明说："我们相信他是确保北约保持强大和团结的最佳人选。"

挪威《晚邮报》评论文章认为，斯托尔滕贝格能获得北约国家支持，成为新一任秘书长，是因为北约目前需要一个懂得如何同俄罗斯打交道，并敢于做出艰难决断的人物，斯托尔滕贝格正是具备这些条件和素质的合适人选。

据报道，斯托尔滕贝格在挪威首相的任期内取得的最杰出外交成就，莫过于结束了挪威和苏联－俄联邦长达 40 年的谈判拉锯。在谈判中，奉行"交流胜过对抗"的斯托尔滕贝格多次将陷入危机的谈判拉回正轨。2010 年，挪威与俄联邦就划分巴伦支海 17.5 万平方千米争议海域达成协议，为两国在能源领域的合作铺平了道路。

挪威既是北约成员国，又与俄罗斯是邻国，擅长处理与俄罗斯的关系。曾担任挪威首相近 10 年的斯托尔滕贝格不仅在内政外交方面经验丰富，而且在反对美国海外征战和推进世界和平方面发挥过重要作用，由他出面任北约秘书长，更容易得到俄罗斯的欢迎。

当然，对于斯托尔滕贝格来说，这个新职务并非"美差"，他需要面临两大挑战：一是俄罗斯兼并克里米亚后，北约该如何处理与俄罗斯的关系；二是美国指责欧洲北约国家军费开支过低，他需要说服北约成员国增加军费开支。

事实上，北约规定，成员国每年的军费开支应不低于国内生产总值的 2%。但在欧债危机之前，许多北约成员国的军费开支就长期不达标。斯托尔滕贝格在一次新闻发布会上表示，"必须保障军费开支"，因为"我们是一个超级大国的邻国，这个超级大国不断扩充军事实力，在北方地区和乌克兰边界沿线不断增加军事活动"。不过，这一说法能否说服北约盟国保持军费开支仍是个未知数。

布里德洛夫

文
—
雷
炎

深陷"乌克兰谜局"的"危机克星"

记北约前欧洲盟军最高司令
菲利普·布里德洛夫

北约前欧洲盟军最高司令兼美军欧洲司令部司令菲利普·布里德洛夫在任期间曾多次强调，北约已经制定全面计划，保障乌克兰武装力量的需求。另一方面，乌克兰也通过了允许外国军队入境参加军演的法律，将与北约多国举行一系列演习。这被一些媒体解读为北约准备长期进驻乌克兰的信号。

有俄罗斯军事专家指出，北约不断在俄边境地区增加兵力，对俄国家安全构成严重威胁，这种威胁的严重程度即使在冷战时期也未曾出现过。北约的一系列行动使当前的欧洲局势充满了不确定性。

与俄开打"混合战争"

美国《防务新闻》称，为了抗衡俄罗斯在东欧方向的"军事扩张"，北约已完成组建临时快速反应部队的工作。而位于比利时南部小城加斯托的北约欧洲盟军司令部，也将工作重点从过去的巴尔干维和、地中海反恐，转为增强东欧地区成员国的军事力量，特别是在波罗的海国家、波兰、罗马尼亚和保加利亚的军力部署。

有军事专家指出，就当前形势而言，北约和俄罗斯实际处于"混合战争"状态。北约对"混合战争"的定义是："在敌人的威胁下，以传统及非传统手段打击敌人，以达成致胜目标。"其内涵相当丰富，包括诸如信息战、不对称低烈度冲突、恐怖主义、海盗、非法移民、种族宗教冲突、能源安全、跨国犯罪、大规模杀伤性武器扩散等。

不过，北约目前并没有十足的胜算。布里德洛夫曾公开承认，仅就信息战而言，俄罗斯的"混合战争"能力就让西方大吃一惊，俄罗斯首次打破了西方一向掌握的"信息垄断"，成功以"信息闪电战"配合一系列外交、军事行动。例如，俄国家电视台通过密集报道，指责基辅政府放任极端种族主义分子迫害俄罗斯族居民，并拿出二战期间亲纳粹的乌克兰民族主义者血洗俄罗斯人、波兰人和犹太人村庄的往事进行渲染。俄罗斯卫星新闻通讯社也通过向北约国家民众提供另类观点，反击西方国家的"侵略性宣传"。

针对俄罗斯显露的"混合战争"能力，英国国际战略研究所所长约翰·奇普曼建议："北约国家必须设计出一整套战略来应对。"也许正是基于这方面考虑，布里德洛夫已经推动北约在拉脱维亚设立战略传播中心，该中心

美军在拉脱维亚进行战术演习

的任务就是加强针对第三国的舆论战，以迎战俄罗斯的"信息渗透"。

协调多国合作的老手

1955 年 9 月，布里德洛夫出生在佐治亚州一个工人家庭。1975 年，他进入佐治亚理工学院学习。在校期间，他成为大学后备军官团成员。毕业后，布里德洛夫加入美国空军，1978 年 3 月—1979 年 8 月，他分别在亚利桑那州威廉斯空军基地和得克萨斯州伦道夫空军基地接受飞行培训。完成培训后，布里德洛夫回到威廉斯空军基地，并成为 T-37 教练机飞行教官。随后，布里德洛夫前往佛罗里达州麦克迪尔空军基地，学习驾驶 F-16 战斗机。完成学习后，他被派往西班牙托雷洪空军基地。1991 年，挂着空军上校肩章的布里德洛夫远赴韩国任美韩联合司令部空中作战主管等职，期间处置过多起"空中特情"，被同僚戏称为"危机克星"。

1994 年，布里德洛夫奉调回国，在国家战争学院深造一年，之后进入五角大楼，在联合参谋部太平洋司令部分部担任作战官。两年后，布里德洛夫又前往美国、意大利、德国的多个空军基地历练。2002 年 6 月，布里德洛夫成为第 56 战斗机联队（驻亚利桑那州卢克空军基地）联队长。此后，他先后担任驻意大利第 31 战斗机联队指挥官和驻德国第 16 航空队副司令。他的下一个职位再次回到联合参谋部，担任战略计划和政策副总监。2008 年 7 月，布里德洛夫出任驻德国拉姆施泰因空军基地第 3 航空队司令。

2009 年 8 月，布里德洛夫进入美国空军总部担任负责作战规划和需求部门的副参谋长，帮助空军部长和空军参谋长制定航空航天作战、防核扩散、国土安全、气象灾害、网络安全等方面的行动准则。2011 年，布里德洛夫担任空军副参谋长，并晋升上将。2012 年，布里德洛夫回到欧洲，担任美国驻欧洲空军司令。2013 年，他被任命为北约欧洲盟军最高司令。

乌克兰成为工作重点

布里德洛夫就任北约欧洲盟军最高司令后的很大一块工作都集中在乌克兰问题上。2014 年 11 月，布里德洛夫曾亲赴基辅，会晤乌克兰总统波罗申科和乌政府其他官员，就美国帮助基辅对抗东部亲俄势力的事宜进行磋商。对于北约是否会向乌克兰提供杀伤性武器的问题，他表示："目前任何一种方式都不排除。"针对乌克兰要求加入北约，布里德洛夫表示，北约将会帮助乌克兰训练军队，但乌克兰能否加入北约则是政治问题。

帕维尔

文
——
雷
炎

"华约老兵"首次出任"北约总长"

记捷克陆军大将
彼得·帕维尔

　　美国《防务新闻》报道，尽管欧洲安全形势并不稳定，但北约总体防务开支仍呈下降之势，28 个成员国中只有四国达到北约要求的 GDP 的 2% 用于国防开支的目标，这削弱了北约的军事行动能力。

　　在新任北约军事委员会主席、来自捷克的彼得·帕维尔大将看来，"钱荒"是威胁北约集体安全的重要因素，他号召各国为军事建设提供有力支持。

帕维尔还称赞自己的祖国捷克为别国做了表率，"捷克政府计划在 2020 年前将国防预算从 GDP 的 1.4% 提高到 2%，这是北约的集体决定，谁都不能讨价还价"。

亲美的"虚位高官"

在西方记者眼里，帕维尔大将的来头可不小：作为首位进入北约最高军事指挥层的原华约国家将领，在 2015 年 6 月 26 日举行的维尔纽斯北约防长会议上，他被正式任命为北约军事委员会主席（地位相当于北约总参谋长）。而在帕维尔上任之前，美国就做了许多铺垫工作，游说西欧盟国接受这位东欧国家将领，同时美国还授意捷克在北约东欧国家中展开一系列公关活动，把帕维尔的当选视作东欧国家在北约集体中取得更多话语权的关键，从而抬高帕维尔的威望。

美国《防务头条》认为，美国军方之所以支持帕维尔，一大目的是平衡西欧国家和前华约东欧国家的力量，通过给予东欧将领更高的地位，使美国获得东欧国家的好感，继而让这些处于对俄斗争一线的国家死心塌地地追随自己，巩固美国的北约盟主地位。

从组织框架看，北约军事委员会是最高军事参谋机关，理论上，该委员会主席统管北约军队，而且依照惯例应从美国以外的北约国家将领中产生。但事实上，该委员会所属单位中只有欧洲盟军最高司令部掌握作战部队，而该司令部由美军欧洲司令部兼管，等于整个北约军队归美国一个战区司令部统辖，是美国控制欧洲的重要工具。很显然，北约军事委员会主席是个"位高权轻"的职务，主要负责协调多国军事行动，对北约常设联合单位进行战略指导。不过，帕维尔似乎不嫌弃这种制度安排，反倒认为美国主导北约军事行动具有合理性，现行制度有助于增进"跨大西洋友谊"。

"由苏转美"的戎马生涯

说起帕维尔的从军之路，可以用"由苏转美"来概括。他生于 1961 年 11 月 1 日，1976 年进入奥帕瓦军事高中就读，这是一所效仿苏联模式的预备军校，生活训练都按照正规部队要求实施。在校期间，帕维尔和同学们每天清晨

　　　　　　　　　　　　　现代军事人物

北约在中东欧成员国演习的次数快速增加

7点整起床，经过半小时的操练后，要迅速整理好被褥，吃完早餐，接着投入紧张的学习中。白天，学员们除要学习普通教育的基本知识外，更多的是学习军事知识和掌握军事技能。因为表现突出，教官还为帕维尔开了"小灶"，对其进行初级跳伞训练。

1983年，帕维尔从捷克斯洛伐克维亚科夫陆军大学毕业后，被分配到捷人民军空降兵部队当排长。时值东西方冷战的最后岁月，华约、北约两大军事集团的紧张对峙仍未缓解，捷军经常与苏联等国军队展开极具实战意味的联合演习。由于苏联在华约中处于领导地位，因此捷军必须接受一整套苏式军事条令条例，作为基层军官，帕维尔对这一段经历印象深刻。

由于工作业绩突出，1988年，帕维尔被选送布尔诺军事学院进修，1991年毕业后进入捷军总参谋部二处（情报处）工作，1993年奉命参加波黑国际维和行动。在波黑执勤期间，帕维尔曾指挥捷克工兵排除当地民兵的袭扰，修通一条"生命走廊"，帮助法国维和部队撤离受威胁的营地，此举使他一下子成为捷克的"民族英雄"。

1993 年，捷克和斯洛伐克完成"天鹅绒式分裂"（即不流血的国家解体），新成立的捷克共和国奉行"向西一边倒"政策，尤其是要求军队必须在较短时间内完成北约化改造，包括帕维尔在内的捷军军官也把"学习美军先进经验"当作工作中心。之后数年间，捷克国防军从冷战时期的 20 万人迅速压缩到 2 万人，并在美国军事顾问帮助下实施整训，连军人也得按照美国军衔制度进行重新授衔，例如捷军将官便参照美军模式变成准将、少将、中将、大将（相当于美军上将）。通过一系列改革，捷克终于在 1999 年成为首批加入北约的前华约国家之一。

守卫北约"东方前沿"

2002 年 12 月 1 日，帕维尔担任捷军特战旅旅长，军衔为准将；2010 年 5 月 8 日，帕维尔晋升少将，后出任捷军副总参谋长；2012 年 5 月 8 日晋升中将，担任总参谋长；2014 年 5 月 8 日晋升大将。有意思的是，根据捷军现有规模及部队编制，总参谋长通常只能获得中将军衔，但因为帕维尔已被内定为北约军事委员会主席，因此捷克国防部决定破格授予其大将军衔。

捷克只拥有小规模军队，但其战略地位却不容小觑。作为前华约工业化程度最高的国家，捷克拥有强大的军工业，同时军队职业化程度高，加之毗邻巴尔干、乌克兰等热点地区，因此堪称北约"东方前沿"。早在担任总参谋长期间，帕维尔便严格按照北约标准管理捷军，并根据北约总部要求派兵参加各类集体防务活动，同时邀请美军顾问团为捷克军官授课，提高美捷联合作战能力。

专家预测，帕维尔所领导的北约军事委员会，将重点加强成员国联合防务，通过"集体防御"的方式应对所谓"俄罗斯军事威胁"。据悉，北约总部已决定以联合特遣部队的形式，分别在爱沙尼亚、拉脱维亚、立陶宛、波兰、罗马尼亚和保加利亚各部署一支合成作战部队，这些部队可在受令后 48 小时内部署到冲突区，为后续到来的临时指挥单位提供安全保障。而部署在相邻国家的合成作战部队互为犄角，相互支援，也可与"受侵略"的北约成员国（也包括伙伴国）一道应对敌军入侵。若无法消灭来犯敌军，快反部队也要保持高度戒备，等待后续援军。俄罗斯学者多次警告，北约所采取的一连串不友好举动，只会将欧洲变成"火药桶"。

法伦

文
—
雷
炎

呼吁北约增军费，鼓吹孤立俄罗斯

记英国国防大臣
迈克尔·法伦

　　由于乌克兰危机持续发酵，包括英国在内的北约国家同俄罗斯的关系趋向紧张。在 2014 年 9 月初举行的威尔士首脑峰会上，北约各国不仅决定暂停与俄罗斯的一切合作，还计划增强从东欧到波罗的海的军事力量，以便军事遏制俄罗斯。据俄罗斯《观点报》披露，在推动北约集体"打压"俄罗斯的过程中，英国国防大臣迈克尔·法伦扮演了"急先锋"的角色，他甚至认为如果北约在乌克兰问题上后退，将意味着重犯二战前（绥靖政策）的错误。

力主强化北约战力

2014 年 9 月 4 日，北大西洋公约组织（北约）峰会在英国威尔士纽波特开幕，北约 28 个成员国首脑及伙伴国代表参加会议。在此次峰会上，美、英、法、德等核心成员国就孤立俄罗斯达成一致，同时计划在波罗的海地区设立永久性军事基地，毗邻乌克兰的罗马尼亚也如愿以偿地获得美国增加在其境内驻军的承诺。此外，北约还决定给予乌克兰强力支持——不仅加强与乌克兰在军事领域的合作，还与乌克兰举行多场联合军演。

据"俄罗斯之声"电台报道，这些"遏俄措施"之所以能迅速出笼，英国国防大臣迈克尔·法伦起到了重要的协调作用。据称相关文本细节都经过了法伦的仔细推敲，展现其强大的政策把控能力。法伦还在多个场合向其他伙伴国推销北约"战备行动计划"。与北约此前执行的"灵巧防卫计划"（2011 年由北约秘书长拉斯穆森提出，强调情报合作和避免过度削减防务费用）不同，新的"战备行动计划"旨在强化北约部队的快速反应能力，强调北约作为军事集团的实战能力，以便能在需要时及时采取军事行动。其具体内容包括，由七个北约成员国出兵，成立一万人规模的快速反应部队，由英国主导指挥。

英国士兵在阿富汗巡逻

现代军事人物

有意思的是，俄罗斯《国防》杂志主编穆拉霍夫斯基讥笑法伦"明为救人，实为救己"。由于欧债危机爆发，北约欧洲国家普遍大幅削减防务预算，多数国家的预算不达标，这让各国军方头疼不已，如今他们试图通过在乌克兰议题上做文章，以谋求更多预算。穆拉霍夫斯基指出，法伦在峰会上谈及最多的并非乌克兰危机，而是北约各国的军费太少，他还替美国"鸣不平"，声称60%的北约防务开支来自美国，"如果欧洲人希望美国继续致力于保护欧洲安全，我们也必须支付部分账单"。从其言行来看，他几乎成了美国代表的"传声筒"。

有分析人士称，法伦及其所在的英国保守党政府希望通过鼓吹"硬对"俄罗斯，重塑北约组织的凝聚力，增强英国在北约中的话语权。

"斡旋能手"承担重任

法伦 1974 年毕业于圣安德鲁大学古典文学专业，26 岁加入保守党。在担任地区议员期间，法伦巧打"亲民牌"，弥合当地政府与民众产生的分歧，在其推动之下，当地建起少数民族语言学校，农村地区有了高速网络，多家中小型企业也先后在此落户，使当地经济得到快速发展。

20 世纪 80 年代，法伦进入撒切尔夫人领导的政府，担任过财政部专员、教育科技部政务次官等职务。2010—2012 年，法伦成为卡梅伦政府的商务大臣兼能源大臣。2014 年 7 月 15 日，首相卡梅伦决定让国防大臣菲利普·哈蒙德转任外交大臣，由法伦接任国防大臣，希望他能充分发挥协调能力，处理好英国的军事改革和海外撤军等课题。

从法伦的履历来看，他长年从事议会政治和党团生活，斡旋和协调能力颇强，但斩钉截铁地说"不"的情况却很少见。他在乌克兰危机中的强硬表现和他之前的行事风格并不相符。

面临诸多难题

事实上，国防大臣是英国内阁中最有分量的职位之一，掌握着国防政策、作战行动、人事调动、装备采购等多项实权。外界普遍认为，过去和军队没有多少交集的法伦就任英国国防大臣后要解决诸多挑战。

　　首先，英国从阿富汗撤军，但塔利班和"基地"恐怖组织势力却有卷土重来之势，不断蚕食阿富汗政府的统治区。外界担心西方大军完全撤离后，没有外援的阿富汗国民军难以抵挡如狼似虎的"三股势力"。因此，英国政府必须在尽可能稳定阿富汗局势的情况下有序稳妥地推进撤军行动。具体来说，法伦要想办法在英军撤离后通过北约机制为阿富汗国民军提供空中支援，但同时又要避免过度消耗国防经费。

　　其次，自然是英国在北约内部的地位问题。尽管英国积极追随美国，要求北约在乌克兰问题上围堵俄罗斯，但北约这个处于"半死状态"的组织要想重振雄风并不容易。由于欧洲的北约成员国大都与俄罗斯有着密切的经贸往来，并严重依赖俄罗斯的油气供应（英国有北海油气田可以"自给自足"），这些国家如果彻底与俄罗斯翻脸可能导致巨大的民生问题，因此，英国目前在北约内部颇有曲高和寡之感，迫切需要拉近同伙伴国的关系，这可能是卡梅伦选择能言善辩的法伦出任国防大臣的一大考虑。

普尔福德

文 —— 谭正平

"沙场老将"指挥"反恐闪电空袭"

记英国皇家空军参谋长
普尔福德上将

2015 年 12 月 2 日晚，英国议会授权政府在叙利亚空袭极端组织"伊斯兰国"（IS），虽然英国民众普遍认为此举象征意义大于实际效果，但英国空军的"快速响应"能力仍然得到本国媒体的赞赏。英国《每日邮报》披露，就在议会授权政府动武 57 分钟后，英国空军的"狂风"战斗机便从塞浦路斯起飞，向位于叙利亚拉卡城的 IS 目标投弹后安全返回，而指挥这次空袭行动的正是英国空军参谋长安德鲁·道格拉斯·普尔福德上将。

新婚过后上前线

普尔福德 1958 年出生于诺丁汉郡纽瓦克市一个基督教圣公会家庭，小时候入读马格努斯公学，在物理、化学和文学方面成绩优良。1977 年 1 月，普尔福德加入英国空军，被授予空军准尉军衔，并先后在皇家空军第 72 中队和第 18 中队服役。据称，服役期间，普尔福德执行了 5 000 多个小时的飞行任务，其中绝大部分是在第 18 中队完成的。

作为第 18 直升机中队的一员，普尔福德曾参加过 1982 年英阿马岛战争，并幸运地躲过一劫。据英国《飞行国际》披露，马岛战争爆发时，刚刚结婚的普尔福德受到照顾，没有加入首批参战部队，而是被派往英国海军 C 飞行队，充当"大山猫"舰载直升机的飞行教官，直到 5 月底才随"潮汐泉"号补给舰奔赴前线。途中，他才得知第 18 直升机中队已在阿根廷 5 月 25 日发起的"国庆总攻"中遭到重创。

当天，近百架阿根廷战机轮番向英国特混舰队发起空袭，英国改装货轮"大西洋运输者"号被 1 枚阿军发射的"飞鱼"反舰导弹击沉，导致 12 人丧生，33 人受伤。这是英国特遣舰队遭受的最大后勤损失。"大西洋运输者"号不仅载有 5 000 顶帐篷、1 套海水淡化设备和大批战机备用发动机，还运载着第 18 直升机中队的 4 架 CH-47 "支奴干"直升机和 6 架"威塞克斯"直升机。这些飞机随船沉入海底使得第 18 中队几乎"全军覆没"，只剩 1 架停在"竞技神"号航母上的 CH-47 直升机（编号 ZA718）尚能使用。普尔福德后来成为这架 CH-47 直升机的机长，并积极配合英国海军陆战队作战。

1985 年，普尔福德被派往澳大利亚空军，参与培训澳大利亚直升机飞行员的工作。由于工作认真，表现突出，普尔福德 1987 年回国后，被英国国防

　　　　　　　　　　　　　　　　　　现代军事人物

部保送到国防学院进修高级指挥与参谋课程。1999 年，普尔福德被调入英国空军司令部，担任空军参谋长首席参谋军官，为英国空军的建设、训练和作战行动出谋划策。

2003 年 3 月 19 日伊拉克战争爆发，普尔福德被任命为英国驻伊拉克联合直升机部队司令，负责指挥英军直升机部队参与作战行动。战争期间，普尔福德曾亲自驾驶直升机作战，发射导弹击毁了伊拉克军队的两辆 T-55 坦克。由于在战争期间表现出色，2004 年 6 月，普尔福德被授予大英帝国司令勋章（CBE）。

2005 年 1 月，普尔福德晋升空军准将，2007 年 2 月晋升空军少将，担任第 2 大队司令。普尔福德将该大队作为英国空军改革的标杆，针对装备机型和人员构成进行改组，使其更加符合北约联合作战的需求。经过改革后，第 2 大队成为英国空军战备水平最高的单位，下辖基地和中队两级单位，能对海外行动做出快速反应。

2008 年 9 月，普尔福德出任英国国防参谋长作战助理，2010 年 9 月晋升空军

时任英国首相卡梅伦视察空军

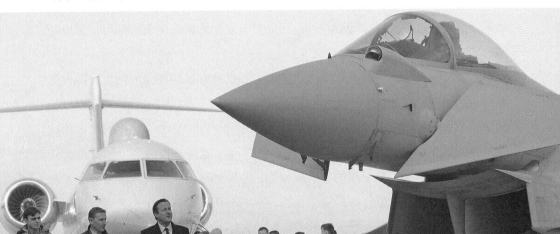

中将，担任空军副参谋长，负责空军的训练与人事工作。2013 年 7 月 31 日，他晋升空军上将，出任空军参谋长，并兼任英国参谋长委员会委员和国防委员会空军分会主席。顺便提一下，普尔福德也是首位担任英国空军参谋长的直升机飞行员。

支持出兵叙利亚

具体到此次空袭叙利亚 IS 目标，普尔福德和英国空军在事先就已做好充分准备。据英国《卫报》披露，早在议会辩论前，英国首相卡梅伦就曾向普尔福德咨询作战的可行性，普尔福德表示尽管空袭不能完全铲除 IS，但至少能削弱其扩张势头，特别是随着俄军全面介入叙利亚反恐行动并取得辉煌战绩，使得美英等国在该地区的反恐主导权受到挑战，英国应该有所动作。

12 月 2 日晚，英国议会下院以 397 票对 223 票批准英国空军出动飞机空袭叙利亚境内 IS 目标，一直呆在威斯敏斯特宫外等候消息的普尔福德得知消息后显得异常兴奋，他向记者表示此举"有助于维护英国在中东地区的传统利益，并且根除滋生恐怖主义的土壤"。另据报道，美国国防部长阿什顿·卡特对英国空袭叙利亚 IS 目标表示支持，"希望所有北约国家向英国学习，采取切实行动参与反恐合作"。

军事专家分析，虽然英军参战规模不大，仅有驻扎塞浦路斯阿克罗蒂里基地的 10 架"狂风"战机可投入空袭行动，1 架 VC-10 加油机和 1 架 A400M运输机承担后勤保障任务，但英军的行动侧重于打击 IS 在叙利亚的大本营拉卡及其石油运输线，对 IS 的削弱效果不容置疑。值得一提的是，执行空袭任务的英军战机携带了自卫用的电子战吊舱，考虑到之前土耳其战机发射导弹击落了在叙利亚执行反恐任务的俄军飞机，英军战机行动时更加小心可以理解。

不过，英国皇家三军研究所教授查默斯并不看好英国在叙空袭行动的实际效果，"从军事角度看，英国空军参战不会使反恐局面有大的改观，英国在中东的影响力甚至连伊朗都不如"。英国皇家国际问题研究所专家伊顿和菲利普斯更是在一篇文章中评论，英军进击叙利亚只是"膝跳反射"式的决定，在削弱并击败 IS 方面，英国政府并没有深思熟虑的长远战略，"英国政府不愿意坐视 IS 继续策划更多的恐怖活动，也不愿意坐视叙利亚继续混乱下去，但匆忙作出的空袭决定也不是有效的解决之道"。

　　　　　　　　　　　　　　　　　现代军事人物

冯·德莱恩

文——赵保华

"独行侠"推动德国实施军事反恐

记德国国防部长
乌尔苏拉·冯·德莱恩

2016年1月20日，在西方七国防长巴黎峰会上，德国国防部长乌尔苏拉·冯·德莱恩不仅承诺支持盟国在伊拉克、叙利亚打击极端组织"伊斯兰国"（IS）的行动，还表示德国将援助利比亚政府，支持其打击IS的北非分支，以阻止极端势力在欧洲"南大门"站稳脚跟。

分析人士认为，在德国军界，女防长冯·德莱恩素有"铁娘子"的威名，其在反恐问题上的坚定立场，更有助于德军实行政治性极强的海外行动。

出兵反恐的代言人

当 2014 年 8 月美国为打击 IS 而组建国际反恐联盟时，德国政府曾经拒绝参加。但随着 2015 年 9 月俄罗斯军事介入叙利亚反恐战争，同时美国正悄然从中东撤出军事力量，中东格局即将发生剧变，之前在中东问题上严重受制于美国的欧洲国家，如果再不有所动作，势必在这片与欧洲"唇齿相依"的战略地带失去话语权。另外，2015 年 11 月，法国巴黎发生大规模恐怖袭击事件，更是直接刺激其他欧盟成员国，也成为德国态度发生转变的分水岭。2015 年底，德国总理默克尔指出，光靠语言无法击败 IS，反恐需要欧盟各国加大军事投入，并且表示将尽快回应法国关于"德国伙伴在反恐斗争中承担更多责任"的要求。

作为默克尔的政治盟友，冯·德莱恩迅速将总理的话化作行动。2015 年 11 月 25 日，德国国防部宣布向西非国家马里派兵，帮助法国外籍军团稳定那里的安全局势，从而使法国得以分兵前往伊拉克，打击那里的 IS。分析人士认为，二战后，德国除了维和与训练目的外，一般避免向海外派出战斗部队，冯·德莱恩宣布出兵马里实属罕见。紧接着，冯·德莱恩又联合德国外长施泰因迈尔宣布了二战后德国最大规模的海外军事行动，向中东派遣约 1 000 名官兵，以护卫、侦察、后勤保障等三种形式支持西方盟国打击 IS。

分析人士认为，尽管出兵海外打击极端组织的决定并不是冯·德莱恩本人作出的，但最终却都是通过她宣布出来。"从形式上说，屡屡宣布针对恐怖分子的强硬措施，无疑会提升冯·德莱恩的'铁娘子'形象，"英国皇家国际事务所研究欧洲政治问题的专家约瑟夫·乔说，"这对她的未来政治生涯是一种加分的表现。"

进入 2016 年，冯·德莱恩的强硬形象不减，她宣布利比亚也被纳入德国的军事行动范围。俄罗斯卫星网报道称，这位女防长在 1 月 18 日表示德国政府将援助利比亚政府打击 IS 在该国的分支。冯·德莱恩对德国电视台记者说："现在最重要的是稳定利比亚国家政权，尽可能快地让这片广袤的土地上恢复法律和秩序。在打击威胁着利比亚乃至欧洲安全的极端组织上，德国不会推卸责任，将做出自己的贡献。"她还表示，IS 试图吸收中非恐怖组织"博科圣地"，此举或许会引发新一轮难民潮，"这是不能允许的！"

"默克尔的接班人"？

在德国政坛，冯·德莱恩的表现极为强势，即使在面对总理默克尔时也会针锋相对。她个性鲜明、特立独行，有时会公开反对默克尔的一些政策和观点，甚至说过"如果不是因为父亲是基督教民主联盟（即默克尔所在党）的老党员，我可能加入绿党（德国在野党）"。还有媒体披露，冯·德莱恩在担任默克尔内阁成员期间，曾在女性议题上逼得默克尔不得不作出让步。

但默克尔却一直不以为忤，对冯·德莱恩信任有加，被外界称为一对"矛盾的合作者"。在之前的两个总理任期内，默克尔先后安排冯·德莱恩执掌联邦家庭事务部与劳工社会部，其政治地位不断攀升，并在第三个总理任期内任命她担任无比重要的国防部长一职。这令外界倍感惊讶，毕竟女性担任国防部长在德国历史上尚属首次，不过默克尔对自己的老搭档表示了充分的信任："认识她的人都知道，她一直对国际事务与社会政策很感兴趣。因此，我选择她来履行保护我们这个国家的职责。当然，这是一个充满刺激与挑战的工作，我确信她会非常称职。"

与一贯谨慎行事的默克尔不同，冯·德莱恩并不排斥偶尔冒点政治上的风险。比如在 2009 年，她在没有掌握确凿证据的情况下，公开指责印度"儿童色情合法化"，而实际上印度的相关法规比德国还要严厉。事后，说错话的冯·德莱恩进行了真诚道歉。媒体评论认为，此事不但没有损害冯·德莱恩的形象，而且还衬托出她敢说敢做、雷厉风行的风格，这正是默克尔所看中的。"一个谨慎行事，一个喜欢冒险，不能不说这是政坛上的一对完美搭档，"德国《图片报》的一位编辑称，"默克尔总理在前两个任期的表现，赢得德国民众的肯定和信任，女性政治家的良好形象在德国人心中似乎生根发芽，作为总理的老搭档，冯·德莱恩也许会成为默克尔的接班人。"

冯·德莱恩的强势表现引起多国媒体的注意，一些人士在谈到她的表现时认为，这位女国防部长个人魅力十足，特别是具有能够吸引妇女选票的能力，不仅是默克尔竞选连任的重要推手，同时也很可能在下一次总理选举中为自己赢得更重要的职位。

据悉，冯·德莱恩出身于备受各界推崇的政治世家，其父为基民盟资深党员，曾长期担任下萨克森州州长以及欧洲委员会官员。在父亲的影响下，冯·德莱恩具备不错的政治素养，在民众中间有较好的声誉和支持度，德新社形容她"有能力执掌一个内阁部门甚至一个国家"。但也有人担心，冯·德莱恩一贯我行我素，在基民盟内"曲高和寡"，与党内大佬存在隔阂，有"独行侠"的绰号，这是她接班默克尔的致命硬伤。同时，要想真的成为默克尔的接班人，能否当好国防部长也很重要，德国的国防部长既要会做事，又要会说话，容不得半点差池，要知道，冯·德莱恩之前的几任国防部长都没能摆脱中途下台的魔咒。

　　　　　　　　　　　　　　　　　　　现代军事人物

挪威国防大臣索雷德

女防长欲重组军队抗衡俄罗斯

记挪威国防大臣
伊内·埃里克森·索雷德

在世人眼里，身处北欧的挪威似乎是个与世无争的福利国家，然而作为北约成员，挪威注定不可能置身于欧洲安全事务之外。由于北约与俄罗斯在乌克兰问题上尖锐对立，加之北极归属问题日趋激烈，挪威政府对军队建设不敢有丝毫放松。挪威首位女性国防大臣伊内·埃里克森·索雷德公开宣称，鉴于俄罗斯在乌克兰危机中表现出的"侵略倾向"，挪威必须提高军队现代化水平，同时挪威还将全力协助乌克兰重整军备。

对抗态势　冰冷刺骨

英国《卫报》报道，挪威国防大臣索雷德表示，由于地区安全形势变化，挪威军队将进行重组，以便能更快更有效地防范"俄罗斯入侵"。根据挪威国防部的数据，该国部署在西北海岸博德空军基地的F-16战机，近年来升空拦截俄罗斯战机的次数急剧增加，而且被拦截的对象往往是重型轰炸机，比如图-95、图-160和图-22M3。以2015年1月28日为例，两架俄图-95轰炸机从挪威海岸飞到英吉利海峡，途中关闭无线电应答器，这被挪威军方视为"危及民用航空安全"的行为。

挪威士兵参加北极演习

　　　　　　　　　　　　　　　　　现代军事人物

索雷德表示，俄罗斯空军在挪威边境地区活动日益活跃，虽然没有进入挪威领空，但仍对挪威安全构成威胁，挪威不得不出动战机进行监视。她还指责俄罗斯单方面在北极扩充军备，建立北极作战旅和军事基地，威胁到挪威的国家利益。索雷德说，挪威计划加强与波罗的海国家如爱沙尼亚、拉脱维亚和立陶宛的军事合作。此外，挪威准备扩大对乌克兰士兵的训练，她预计会有更多的北约国家为乌克兰提供军事培训人员和非致命性军事装备，以支持"致力维护国家统一与领土完整的乌克兰政府"。

面对索雷德的"不友善言论"，俄罗斯的反应非常迅速。据俄罗斯《观点报》报道，俄国防部长绍伊古在 2015 年 2 月 27 日表示，将用武力保护俄罗斯在北极的国家利益。他表示，以美国、英国、挪威为首的北约国家在北极方向对俄罗斯利益构成"潜在威胁"，为此俄罗斯将增加在楚科奇半岛的军队部署，以保障北方航线的安全。据悉，俄军驻楚科奇半岛、科拉半岛的四个空天防御旅 2014 年已被改编为防空师，并在联合兵种编队内成立防辐射和防生化武器团，还在弗兰格尔岛和施密特角部署了雷达和航空导航站。很显然，挪威与俄罗斯的军事关系正变得"寒冷刺骨"。

政治站队　从左到右

说起索雷德本人，她并非出身于军队系统，却因在国防问题上直言不讳，加上与执政党理念相合，才走上国防大臣的岗位。据德国《明镜》周刊介绍，索雷德出生于奥斯陆。1995 年，索雷德进入特罗姆瑟大学学习法律。在校期间，她热衷于社团活动，并加入了保守党，开始涉足政治议题。有趣的是，索雷德起初是个充满理想主义的左翼青年，她崇拜切·格瓦拉那样的"孤胆骑士"，厌恶美国的"新干涉主义"。她参加过 1999 年反对美国和北约武装干涉南联盟的示威活动，并要求挪威削减国防预算，把更多资金用于社会福利与援助不发达国家。

不过，进入职场后，索雷德的政治立场逐渐发生了改变。索雷德的第一份工作是在"大都会"电视台当制片人，她喜欢政治、军事和外交话题，曾策划了多部描写挪威军队参加海外维和、北约联合军事行动的纪录片。她的理念悄然向中间偏右的阵营靠拢。从电视台离职后，索雷德进入一家律师事务所当起了实习生。2005 年，她首次当选为奥斯陆的议员，进入挪威议会，并在

2009—2013 年间担任外交和国防事务常务委员会主席。

2013 年，索雷德成为挪威国防大臣。她公开表示："我们需要履行我们（在北约体系中）的防务职责，我们需要做的不只是进口安全，还要出口安全。"言下之意，挪威需要为北约集体安全"买单"，而不能总想着依赖北约的安全保护。

事实上，过去北约防务费用的大部分由美国承担，但美国如今不仅面临国内财政压力，而且还要兼顾"亚太再平衡"，已不愿继续承担这么多费用。对此，索雷德表示，欧洲成员国不用过分担心被美国"抛弃"，但欧洲国家也必须在北约共同防务中承担起"相称"的政治和经济责任，"否则就会像陷入危机的乌克兰那样难以保障国家安全"。

过激言论　遭到反对

针对索雷德"必须加强军备"的言论，挪威国内其实存在巨大分歧。挪威政治家比约恩表示："国防大臣的言论极其愚蠢，是没有任何意义的荒谬行为，也极其不负责任。要知道，索雷德女士的敌视性言论是在俄、法、德三国领导人试图平息乌克兰局势时发表的，其结果是加剧欧洲大陆的动荡局势，而这种动荡是美国所希望看到的。现在的挪威政府几乎按照美国的命令行事，许多政治人物竞相发表对俄过激言论，这是不理智的行为。"

比约恩表示，在冷战时期，挪威从不参加境外军事行动，但从 20 世纪 90 年代起，挪威的政策发生了变化，挪威军队参与了在波黑、阿富汗和伊拉克等地区的军事行动，这是十分危险的。如今挪威与俄罗斯的关系就像波罗的海三国与俄罗斯的关系一样，"波罗的海三国只是小国，它们与俄罗斯相邻，却为了西方大国的利益不断挑衅俄罗斯，这种行为很可能玩火自焚"。

有意思的是，索雷德的老校友、前挪威巴伦支海秘书处领导人符文认为，索雷德敌视俄罗斯的态度是不可取的，"不管其他国家如何评价俄罗斯，对挪威来说，重要的是要与俄罗斯保持正常关系"。他说，20 多年来，挪威与俄罗斯一直保持友好关系，促进了两国的往来。目前重要的是不要破坏这一关系。俄军事科学院教授科久林则表示，因乌克兰局势造成国际关系紧张，许多西方政治家和北约领导人对俄发表强硬讲话并不令人意外。不过，如果挪威推动争夺北极的战争，俄罗斯将不得不应战，以维护国家利益。

马切雷维奇

"波兰男子汉" 贯彻 "防俄路线"

记波兰国防部长
安东尼·马切雷维奇

文 — 谭正平

因为历史原因，北约的中东欧成员国普遍沿用俄制武器，但受北约与俄罗斯关系恶化的影响，这些国家纷纷断绝与俄罗斯的军事联系。美国"战略之页"网站披露，由于与俄罗斯关系不睦，北约国家波兰已停用大部分俄制武器，即便是仍在服役的俄制武器，波兰国防部也千方百计摆脱对俄技术依赖。据透露，在国防部长马切雷维奇的强烈要求下，波兰空军放弃从俄罗斯进口 R-27 空空导弹，转而从乌克兰进口同型号导弹配备米格-29 战斗机，以满足波兰国防需求。

"导弹风波"背后

据介绍，尽管从美国引进 48 架 F-16"战隼"战斗机，但波兰空军仍无法舍弃原有的 32 架俄制米格-29 战斗机，因为该机结构坚固，出勤速度快，近距格斗能力远胜 F-16，在处理空中特情时依然能够发挥巨大作用。有鉴于此，波兰国防部在相当长时间里仍保持着与俄罗斯供应商的合作关系。但当 2014 年乌克兰危机升级后，所有北约国家与俄罗斯的关系降到冰点，尤其波兰充当北约的"马前卒"，支持乌克兰政府进攻亲俄的乌克兰东部顿巴斯民兵，在此情形下，波俄之间本就脆弱的军事合作关系更加冷淡了。

自从 2015 年 10 月波兰总统杜达上台后，其奉行的"防俄路线"非常明显。而当年 11 月 16 日上任的国防部长马切雷维奇支持波军尽快摆脱"对俄依赖"，寻找新的"合作伙伴"。具体到米格-29 战机的问题上，他责成波兰空军从俄罗斯以外的原苏联国家寻找货源，其中乌克兰是优先考虑对象。据悉，俄罗斯对外出口的许多武器其实安装了乌克兰生产的零部件。以米格-29 战斗机为例，乌克兰能独立为其提供飞机发动机维护保养、电子设备升级以及机载武器供应等服务。

据报道，波兰国防部已决定向乌克兰阿尔乔姆国家控股公司采购 40 枚雷达制导的 R-27R1 空空导弹，用于装备自己的米格-29 战机。知情人士透露，该导弹是苏联第三代中距空空导弹，当初由三角旗设计局和阿尔乔姆公司共同研发。苏联解体后，原先在三角旗设计局工作的乌克兰籍工程师回国并加入阿尔乔姆公司，这些"新鲜血液"大大提高了阿尔乔姆公司的技术实力。经过不懈努力，阿尔乔姆公司于 1992 年开始转产新款 R-27R1 导弹。后来，俄罗斯企业都不得不反过来向阿尔乔姆公司讨教经验。如今，波兰刻意回避俄罗斯公司，选择乌克兰供应商就成了必然。

现代军事人物

冷战后大展拳脚

推动波兰军队"去俄化"是马切雷维奇一直追求的目标，这似乎与其个人经历不无关系。1948年，马切雷维奇出生于华沙，受父亲右翼保守思想的影响，他从小就参加反对波兰左翼政府和苏联的运动。1980年，马切雷维奇参与组建波兰团结工会，负责其信息搜集工作，因工作"出色"，他被任命为团结工会社会研究中心主任，成为团结工会核心幕僚之一。

1989年，中东欧各国相继发生政治巨变，不久冷战结束，马切雷维奇进入波兰政坛，逐渐成为老练的政客。1991年以后，他六次当选波兰议员，五次当选欧洲议会议员。为了推销自己的政治主张，马切雷维奇不断变换政党。1996年，马切雷维奇加入波兰重建运动。1997年，他转投天主教全国运动。2001年，投奔波兰家庭联盟党。2012年，加入法律与公正党。

在频繁变换政党之际，马切雷维奇的仕途却未受任何影响，先后担任内务部长、国防部反情报局局长、议会调查委员会主席和国防部长。

波兰军队在阿富汗作战

波兰　国防部长　安东尼·马切雷维奇

2010 年 4 月 10 日，时任波兰总统的卡钦斯基搭载图－154 专机赴俄参加"卡廷大屠杀 70 周年纪念"活动，结果专机在斯摩棱斯克附近坠毁，导致总统在内的 96 人遇难。波兰议会旋即成立调查委员会，马切雷维奇出任主席。他亲自率团赴坠机现场进行勘察，最终认定事故系机组人员不顾恶劣天气强行降落所致，但他仍认为俄方应担负部分责任，比如，当专机偏离正确位置时，俄方机场未向波兰机组提供及时的飞机位置信息。因领导调查工作有方，马切雷维奇被《波兰人报》评选为 2010 年度"波兰男子汉"。

与美国军火商叫板

在北约东扩进程中，波兰一直扮演着急先锋的角色，并因此与俄罗斯关系紧张。2014 年乌克兰危机爆发后，波兰政治人物频频鼓吹"俄罗斯威胁论"，马切雷维奇就是代表人物之一。2015 年 2 月，他在美国发表演说，声称"俄罗斯想征服占欧洲面积 1/3 的中东欧国家，和平依靠安全，并不是安全依靠和平，安全繁荣的中东欧对全球安全至关重要，北约主要军事大国应加强在波兰境内的军事存在，应对俄罗斯威胁"。马切雷维奇公开呼吁美国在波兰领土上新建永久性的军事基地，部署作战部队甚至核武器。

马切雷维奇的言论遭到俄罗斯的强烈抨击，一名俄国防部官员曾对媒体表示，中东欧国家总有那么一帮"冷战狂热分子"试图制造欧洲的分裂，企图撕毁 1997 年北约与俄罗斯签署的"信任协议"（关键内容是北约无意、无理由，也无计划在未来新入盟的中东欧国家部署核武器）。

不过，马切雷维奇虽然表现得"亲美防俄"，但如果美国侵犯到波兰的国家利益，他也会毫不客气地与之撕破脸皮。2015 年 4 月，波兰国防部向美国雷锡恩公司采购爱国者地空导弹系统，总价值达 54.5 亿美元。马切雷维奇上任后，通过重新审核，发现这笔交易存在诸多不利于波兰的地方。他在出席议会防务委员会会议时称，波兰国防部所签署的采购美制导弹合同，内容与之前对外公布的有很大出入，例如价格虚高，交付时间太晚，甚至设定了一些单方面限定条件，这对波兰极为不利，波兰政府应该重新评估这项采购计划。此番言论一出，立即引来美国政府的强烈不满，同时也让当初在竞争中败北的欧洲 MBDA 集团法国分公司重新看到希望。

莫托克在反导系统建成仪式上致辞

文 —— 赵保华

"改行防长"为北约守护"边疆"

记罗马尼亚国防部长
米尼亚·莫托克

为了从战略上围堵俄罗斯，美国和北约加紧在中东欧国家实施重大军备项目。2015年12月18日，美国设在罗马尼亚的反导基地宣告落成，罗马尼亚国防部长莫托克在典礼上表示，反导基地是罗美友谊的"重要象征"。然而俄罗斯却对这一反导基地深恶痛绝，多位俄国家杜马议员和民间学者表示，美国在罗马尼亚部署反导系统，将迫使俄罗斯采取战略反击措施，"罗马尼亚安全形势将因美国反导系统到来而变得复杂起来"。

视反导基地为战略工程

罗马尼亚于2010年宣布加入美国的欧洲反导系统建设计划，根据协议，该国德韦塞卢空军基地将部署美军陆基宙斯盾作战系统及标准-3拦截弹垂直发射单元，以保护欧洲和美国免遭来自中东地区的弹道导弹袭击。但俄罗斯谴责这项协议充斥着"虚伪的词藻"，其真实的防范对象是俄军导弹，目的是打破本已脆弱的俄美战略平衡。可是美、罗两国我行我素，2015年底，德韦塞卢的反导设施终于投入战备，罗马尼亚也成为欧洲第一个在陆地上部署美国反导系统的国家。

落成典礼上，罗国防部长莫托克表示："在防务合作和地区安全事务上，罗马尼亚是美国在东欧地区最重要的伙伴，陆基宙斯盾系统的到来就是明证，双方之间的信任已达到前所未有的高度。几年来，罗马尼亚与北约其他盟国保持统一立场，我们支持欧洲反导系统有序推进，保证欧洲的繁荣与安全免受外来威胁。"

据介绍，美、罗合作的德韦塞卢反导基地占地175公顷，里面有一幢装备全套宙斯盾作战系统的固定建筑物，外加三座MK41垂直发射单元，装填有24枚标准-3拦截弹（ABM）。该基地编制为150～200名官兵及文职人员。据报道，反导基地的核心是一幢四层楼建筑物，建筑物一楼是作战情报中心，二楼是发电机房，三楼是电子计算机中心，四楼是雷达天线基座。而配套的导弹垂直发射单元则通过遥控方式接收发射指令。

北约官员宣称，继罗马尼亚之后，美国还要在波兰莱兹科沃基地部署同样的反导系统，这两个基地将形成犄角之势，能够对抗来袭的中近程弹道导弹，保护北约和欧盟成员国的大城市、关键基础设施等。

俄罗斯《国防》杂志主编伊格尔·科罗特琴科表示："俄罗斯应该让罗马尼亚领导人明白，只要美国反导系统出现在他们国家里，那么这些目标就会被（俄罗斯）视为合法的攻击对象，俄罗斯可以在靠近罗马尼亚的边境地区部署战术核武器及其运载工具。"俄地缘政治问题研究院副院长弗拉基米尔·阿诺欣称，美国在罗马尼亚部署反导系统后，下一步将会建立大规模军事城，"先是部署导弹，之后在周边部署保护导弹的分队，再逐步变成军事城，配置更多作战部队，这对俄罗斯来说是十分危险的"。

和军队没什么渊源

其实，围绕是否欢迎美国反导系统到来，罗马尼亚内部始终存在严重分歧，而莫托克是坚定的"拥护派"，坚称罗马尼亚引进美国反导系统，是履行北约组织的"义务"，能为该国换来巨大的安全利益。美国詹金斯基金会学报指出，以莫托克为代表的亲西方派视罗马尼亚为北约的"东部边疆"，"如同达

罗马尼亚装甲部队

契亚（即罗马尼亚的前身）充当古罗马帝国抵挡斯拉夫人的前沿一样"，如今它又处在热点地区的边缘，这种"敏感国家"的身份促使罗马尼亚与美国进行更紧密的军事合作，从而获得更多的安全保障。

公开资料显示，莫托克出生在罗马尼亚首都布加勒斯特，早年就读于布加勒斯特大学，年轻时的理想是成为一名外交官。20 世纪 80 年代末，莫托克被召进罗马尼亚外交部，并多次远赴美国交流学习。后来，莫托克先后被任命为罗马尼亚常驻欧盟大使、常驻联合国大使及驻英国大使。"在长年与西方外交人士打交道的过程中，莫托克形成了强烈的亲西方政治态度，"美国《外交政策》杂志在一篇文章中称，"他强烈鼓吹罗马尼亚必须加入北约和欧盟，其'重要性'不亚于昔日达契亚人融入罗马帝国文化圈。"

因为莫托克在美国、欧盟都有不错的人脉和影响力，2015 年底，乔洛什就任罗马尼亚总理后力排众议，让与军队没有渊源的莫托克出任国防部长。美国《防务新闻》称，莫托克目前的主要工作是如何用好国防预算，"他一上任，就要求启动国家应急程序，向国内军工企业分配额外资金，支持他们为罗军生产新型武器，以应对因邻国乌克兰局势动荡而引发的不稳定状态"。《防务新闻》强调，这些资金将帮助罗军工企业为本国武装部队制造更多装甲车辆、地空导弹、自行火炮、单兵轻武器以及其他急需的装备。

莫托克任内还将面临另一个考验，那就是要不要恢复征兵制。报道称，前任罗国防部长杜沙曾以东欧地区局势动荡为由，考虑在罗马尼亚恢复征兵制，消息传出后，立即在罗国内引起激烈讨论。继任的莫托克会不会继续推动恢复征兵制，将成为罗马尼亚公众与国际社会关注的焦点之一。

罗马尼亚军事专家伯格丹·希来雅克指出，自 19 世纪以来，与俄罗斯保持战略互信是维系罗马尼亚国家安全的重要因素，罗马尼亚不让外国一兵一卒入境，用实际行动表明自己对俄罗斯持友好态度，一旦背离这个战略原则，罗马尼亚就会面临巨大风险。二战期间，罗国内极端仇俄情绪导致整个国家被绑上纳粹德国的战车，差点沦为战败国。"前事不忘，后事之师"，如今罗马尼亚大肆渲染"俄罗斯威胁论"，不仅邀来美国反导系统，还考虑搞征兵制，这势必导致罗马尼亚在未来北约与俄罗斯可能发生的冲突中"未蒙其利，先受其害"。

万斯

曾经被称"铁汉",如今号令三军

记加拿大国防参谋长
万斯上将

文 —— 西方朔

作为美国最重要的军事盟友之一，加拿大积极参与美国主导的军事行动，在中东反恐战争、北极军事对峙、欧洲联合演习等等行动中，都能看到加拿大军人的身影。

美国《防务新闻》指出，由于美军在欧洲、西亚、北非等地的部署存在"空档"，急需北约盟国填补，其中加拿大是最受期待的一个。2015年夏天，与美军有着密切合作关系的乔纳森·万斯陆军上将出任加拿大国防参谋长，这被美方视为"重大利好"，要知道万斯长年在海外工作，熟谙美加两军协同及北约联合作战的工作。

闯过"鬼门关"

长期以来，加拿大政府执行"精兵路线"，鉴于本土几乎不存在现实入侵威胁，因此只维持一支规模不大、现代化程度较高的作战部队。据英国简氏情报集团（IHS）介绍，加军现役总兵力仅6.8万人，装备146辆豹2主战坦克、28艘主战舰艇、114架CF-18战斗机等，这支力量大多用于完成北约集体防御任务，因此海外派遣行动较多，这就要求部队处于较高战备状态，同时指挥官也必须拥有丰富的联合作战经验。

万斯是加拿大举国公认的"军事大师"，总理哈珀曾公开表示："万斯将军是杰出的军事战略领导者，他拥有捍卫加拿大主权及北约集体安全利益的军旅经历，尤其参加过打击恐怖组织的军事行动，其指挥才能不容置疑。"

1964年，万斯出生于安大略省哈斯廷县特威德村，其父杰克·万斯中将就当过加军副国防参谋长（1985—1988），因此他是典型的"军二代"。1982年，万斯以优异成绩考入加拿大皇家军事学院，1986年从军事与战略研究专业毕业，荣获学士学位，后分配至加陆军皇家团第2营步兵排任排长，后调往驻阿伯塔省埃德蒙顿第3师第1机械化步兵旅服役，1990年被抽调到北约欧洲战区任职。由于在基层工作突出，万斯被部队送回加拿大皇家军事学院，进修战争研究学，获得硕士学位。

在基层作战部队工作期间，万斯差不多有20多年时间是在海外度过的。1994年，万斯随一个加拿大营前往巴尔干，充当北约安全援助部队的"开路先锋"。在波黑，一支法国补给车队无意中闯入当地塞尔维亚族和克罗地亚族

加拿大军队在执行任务

民兵交火的战场，结果进退两难。紧急时刻，万斯亲率一支战斗工兵部队驰援，硬是在塞克两族民兵布设的雷区中清理出一条"生命之路"，让法军车队逃出生天。正是由于这次历险，万斯成为了北约盟军内部交口称赞的"铁汉"。万斯还受到时任美军欧洲司令部司令兼北约盟军司令乔治·朱尔万陆军上将接见和嘉奖，后者称赞他是个"火线英雄"。

得益于丰富的实战经验，万斯先后担任北约盟军作战司令部（2003 年前称北约欧洲盟军最高司令部）驻那不勒斯盟军联合部队司令部副司令、驻阿富汗特遣部队副司令兼驻阿加拿大特遣部队司令。2009 年，已是少将军衔的万斯主动请缨，率军进驻局势复杂的阿富汗坎大哈地区，专门与塔利班最凶悍的部队较量。2010 年，万斯第二次来到阿富汗，他依然冲锋在前。有一次，他所搭乘的"灰熊"装甲车在途中遭到塔利班预设的路边炸弹袭击，司机当场死亡，他也负了伤，但幸运地闯过了"鬼门关"。

武力服务于外交

2014 年 9 月，万斯出任加军联合作战司令部司令，军衔升为中将，负责指挥加军海内外军事行动。该司令部是由加拿大本土司令部、远征部队司令部和作战支援司令部合并而成，下辖本土、远征和支援等三个部门，分别由三名少将副司令分管，负责三军协同作战训练和指挥，组织与指挥加拿大本土和海外作战任务。联合作战司令部下辖六支地区联合特遣部队，即北部联合特遣部队（负责加拿大北部防御）、太平洋联合特遣部队（负责不列颠哥伦比亚省防务）、西部联合特遣部队（负责大草原地区防务）、中部联合特遣部队（负责安大略省防务）、东部联合特遣部队（负责魁北克省防务）、大西洋联合特遣部队（负责大西洋地区防务）。联合司令部所辖部队来自各军兵种，对司令官的联合作战素质要求极高。

万斯刚出任联合作战司令部司令，就碰上极端组织"伊斯兰国"（IS）肆虐中东，他游说总理哈珀和国防部长尼克尔森，调派空军对IS实施轰炸，支援美国主导的国际反恐联盟，同时加拿大陆军负责后勤保障。最终，万斯的建议被采纳，随后他利用在北约积累的多军种联合作战经验，依托美国情报监视系统，指挥加军对IS目标展开精确打击，取得了辉煌的战绩。正因为军事反恐行动中表现出色，万斯才得以毫无争议地登上加拿大国防参谋长的宝座。

根据加拿大相关规定，国防参谋长任期通常为三年，万斯将任职到2018年。在此期间，万斯的主要任务是确保加军各项军备项目顺利进行，同时继续参与打击IS的国际行动。加拿大政府将IS定性为"种族灭绝恐怖集团"，为了打击这股凶悍的恐怖主义势力，加军在伊拉克部署了一支联合特遣部队，编有600余人，配备了6架CF-18战斗机、1架CC-150T加油机（系A310客机改装）、2架CP-140巡逻机，分别执行对地攻击、空中加油和侦察监视与情报搜集任务。

万斯强调，代号"冲击"的打击IS行动将持续相当长的时间，无论加拿大军人还是平民都必须为此做好心理准备。据加拿大国防部网站报道，从2014年9月—2015年8月，加拿大联合特遣部队的CF-18战斗机、CC-150T空中加油机、CP-140巡逻机分别升空899架次、244架次、260架次，对活跃于伊拉克西北部的IS分子予以沉重打击。万斯对加拿大部队的战绩相当满意，他表示："我国军队的空袭行动配合了政府外交，彰显了加拿大政府打击恐怖分子的坚定决心，进一步扩大了加拿大国际影响力，维护了加拿大在中东地区的国家利益，为维护国际安全与稳定做出贡献。"

　　　　　　　　　　　　　　　　　　　　　　　　　　　　现代军事人物

旺迪舰长

奉命挥师中东，宣示反恐决心

记法国"戴高乐"号航母舰长
皮埃尔·旺迪上校

文 — 郭效东

2015 年 1 月中旬，法国国防部宣布派遣"戴高乐"号航母前往中东，支持以美国为首的多国军事联盟打击"伊斯兰国"等恐怖组织。"戴高乐"号航母自 2001 年 5 月服役以来，一直是法国人的骄傲和法国海军的"门面"，该舰的军官团队也自然成为"新闻明星"。其中，舰长皮埃尔·旺迪上校更是备受瞩目。

履历全面　能力出众

用旺迪的话说，他生来就与法国海军密不可分。1967 年 10 月 26 日，他出生在土伦，这里也是法国最著名的海军基地，如今旺迪所指挥的"戴高乐"号航母就常驻土伦。旺迪的从军经历非常丰富，是"荣誉勋位勋章""海外战场战争十字勋章""军人价值十字勋章""战斗员奖章""飞行奖章""国防金质奖章"的获得者，而最令人称道的还是他的驾机参战经历和技能、重要舰艇任职及人力资源管理技能、联合作战技能，这些技能也正是法国海军选中他执掌"戴高乐"号航母的缘故。

1993 年，旺迪正式成为舰载机飞行员。1994—1999 年，旺迪先后在第 11 舰队的"福熙"号航母和第 17 舰队的"克莱孟梭"号航母上服役，驾驶改进型"超军旗"舰载攻击机，获得了"作战飞行员"资质。这里要强调一下，法军飞行员等级分为飞行员、作战飞行员、双机编队长机、大编队长机等四级。2001 年，他改飞先进的"阵风"战斗机，翌年便担任海军航空兵第 12 战斗机小队队长。此后的两年间，旺迪参与了"阵风"战机在航母上的着舰试验，为法国海军正式列装"阵风"战机做出了重大贡献。

另据资料显示，旺迪参与了 1995 年之后法军舰载机的所有作战行动，在波黑战争、科索沃战争和阿富汗战争中执行过 30 余次战斗任务，驾驶"超军旗""阵风"等战机在"戴高乐"号航母上起降 410 次，其中有 60 次是夜间起降。如今，他的飞行时间已达 2 300 小时。

除了驾驶战机的能力出众，旺迪的舰艇任职经历也极为丰富。从海军学院毕业后，他先后担任过"鲍利舰长"号警卫舰勤务官、"牧月"号护卫舰大副、"贞德"号两栖舰上的训练主管、"絮库夫"号护卫舰舰长、"戴高乐"号航母作战分队指挥官等。2009 年，旺迪被选入瑟堡核能军事应用学院学习核工程学，成为法国海军核动力舰艇的种子舰长。

多次参战　入主航母

从最近 30 余年的战争实践可以看到，现代战争往往是多国联合作战和多军种联合作战。旺迪从军后参加过海湾战争、波黑战争、科索沃战争，并多次赴阿富汗作战，拥有与其他参战方协调合作的丰富经验。

2008 年 4 月，法国"波南德"号游艇及 30 名船员被海盗劫持，旺迪指挥"絮库夫"号护卫舰参加了解救行动。2011 年，法、英、美等国对利比亚发动空袭，旺迪因丰富参战经验和经历被派往意大利北约司令部，对所有参战的北约航空兵进行监控。2013 年初，马里共和国爆发内战，法国决定出兵干预。旺迪奉命出任"马里危机处置办公室"主任，直接指挥法军展开行动，还在"危机战略指挥部"辅助总统和军事首长进行决策。

2013 年 7 月 24 日，在法国海军马涅中将主持下，旺迪从卸任的勒巴上校手中接过了"戴高乐"号航母的指挥权。几个月后，他率领以"戴高乐"号为核心的法国航母编队，在印度洋和波斯湾执行"贝洛森林"作战行动，其间还与美国"杜鲁门"号航母战斗群合作了五个星期。有意思的是，在海外征战期间，"戴高乐"号上的官兵给旺迪起了个"赛船手"的绰号，因为他有一个

战机起飞

特殊本领：仅凭耳力就能分辨风力等级，据称多数情况下可以媲美测风仪。而"精准辨风"又是为航母舰载机提供最佳起降条件的重要保证。

此外，旺迪认为，像"戴高乐"号这样的大型军舰，舰上人员众多，几乎就是一个微型社会，舰长不仅要当好军事指挥官，而且应成为官兵的引导者。旺迪鼓励"戴高乐"号上的1900名官兵将工作岗位当作"人生第二次机会"，让有志进取的士兵均有机会晋升士官甚至军官，因为军队的资历将是官兵们日后回归社会并谋求发展的起跑线。

奉命出征　自有盘算

就此次"戴高乐"号出征中东，旺迪表示，"戴高乐"号将在靠近伊拉克的海面上停泊，与美国"卡尔文森"号航母战斗群并肩作战，共同打击"伊斯兰国"。在"戴高乐"号赶赴战场途中，所有舰载机都根据任务需求升空训练，每天飞40～50个起落，每个架次飞行约90分钟。"舰载机必须挂载对地打击武器或侦察吊舱"，面对紧张的训练场面，飞行员出身的旺迪舰长神情波澜不惊，"飞机整备就像做拼图游戏，组装在一起就行了。至于即将参战的压力，就和参加运动竞赛一样，都需要热身，运动员如此，飞行员也如此。"

值得一提的是，以往美国挑头打击中东、北非的极端组织时，法国往往仅派出个位数的战机"应付"，但这一回，仅"戴高乐"号就携带了12架"阵风"和9架"超军旗"战机。有西方媒体评论称，此番法国高调出动核动力航母，似乎有点和美国"别苗头"的味道。

关于这次行动的指挥事宜，旺迪不愿多言："对任何可能的选择方案，我们都在做准备。大家心里都憋着一口气！我们知道为何要打这一仗！"旺迪的话，不仅反映出他个人的战略视野，也向外界透露出这样的信息：作为除美国之外，唯一拥有核动力航母的国家，法国不仅要以这次作战行动向外界宣示反恐决心，也显示法国将以更加强硬的姿态，与美国分享国际事务领导权，充当欧洲"领头羊"。

澳大利亚海军司令巴雷特

文 — 谭正平 · 李学华

统领"忙碌舰队"为盟友"打工"

记澳大利亚海军司令
蒂莫西·威廉·巴雷特中将

2016 年一开局，身处南半球的澳大利亚海军就显得异常"忙碌"，他们的身影不止出现在本国领海，还频繁进出别的地方，例如"达尔文"号护卫舰被派往中东反海盗、海军航空兵追随美军在伊拉克等地反恐、潜艇部队则与英联邦国家友军进行联合巡逻……澳媒体干脆把本国海军形容为"忙碌舰队"。与此同时，作为澳大利亚海军司令，巴雷特中将正规划着新的发展蓝图，在他的眼里，澳大利亚也应像当年的英国那样，拥有"一支向全球辐射影响力的强大海军"。

改建基地　重赏勇夫

观察巴雷特中将在 2016 开局期间的活动，几乎都与澳海军潜艇部队有关。据澳大利亚广播公司报道，巴雷特通过不懈努力，终于在 2016 年 1 月争取到多达 3.67 亿美元的政府拨款，以便对西澳大利亚州的斯特林海军基地实施大规模改建，未来现代化程度甚至超过澳大利亚对美军开放的达尔文基地。据报道，斯特林基地改建重点是开辟更多的潜艇泊位和岸基支援设施，尤其考虑到澳海军将引进 12 艘大型常规潜艇，因此基地必须对现有的装备维修、环保排污设施进行同步升级，以满足更多舰艇和人员入驻。

斯特林基地西临印度洋，北上太平洋也不远，从这里出发的潜艇可以迅速进入深水区，继而隐蔽进入两大洋核心地带，监视国际重要航道的风吹草动。对澳海军来说，斯特林无疑是块"风水宝地"。按照巴雷特的设想，新斯特林基地将以潜艇部队为核心，同时配合护卫舰、两栖攻击舰、岸基远程巡逻机等先进平台，强化澳大利亚在印度洋的军事存在以及向亚太方向快速投送军事力量的能力。美国学者戈登·弗拉克说："从中远期来看，斯特林基地将成为澳大利亚的防务中枢，有助于密切澳大利亚与印度洋周边国家的海军联系，增强澳大利亚在东南亚的影响力，继而影响地缘政治格局。"

除了操心这座"潜艇之家"，巴雷特还费尽心思挽留澳海军本已不多的潜艇人才。据《堪培拉时报》2016 年 2 月 4 日报道，巴雷特同意澳海军司令部实施一项福利政策，根据服役期限和技术能力的不同，澳潜艇艇员将很快得到 1.5 万～5 万美元的一次性补助，他们还可得到潜艇服役伤残补贴和海军可持续发展补贴，这一慷慨之举是澳大利亚其他军种所无法比拟的。不过，巴雷特也承认，他自己也不清楚新举措能否解决潜艇部队人才短缺的问题，要知道澳

　　　　　　　　　　　　　　　　　　　　现代军事人物

澳海军编队

军现役科林斯级潜艇故障频出，让艇员感觉人身安全难以保障，可是澳潜艇部队的远洋任务却越来越繁重，这无疑加大了部队内部的担忧。

法庭舌战　化危为机

作为澳海军"一把手"，巴雷特却是个不折不扣的"外来户"。1959 年 1 月 8 日，他出生在英国康沃尔郡赫尔斯顿镇，11 岁时随全家移民澳大利亚。1979 年，巴雷特加入澳大利亚海军，最初负责操舰，曾在"墨尔本"号等舰上担任水手长，后来调入海军航空兵服役，在"斯塔尔瓦特"号等舰上担任舰载直升机飞行员，是典型的"上天能驾机、入海能操舰"的海军达人。

纵观巴雷特的从军经历，他的多数时间是在海军航空兵单位，经过基层航空兵部队和指挥机关的反复锤炼，逐渐进入澳海军高层。2000 年，他被授予海军中校军衔，担任澳海军航空兵第 817 中队中队长；2003 年，晋升海军上校，出任信天翁海军航空站司令；2006 年，晋升海军准将，调任国防军新兵局局长；2007 年，重新回到海军航空兵，担任大队长。

2010 年 2 月 9 日，巴雷特晋升海军少将，担任边境保护司令部司令。该司令部前身是 2005 年成立的联合近海保护司令部，2006 年 10 月才改为现名。它接受澳海关与国防军的双重领导，负责保护澳近海设施，执行海上监视、反偷渡、反海盗、反恐等任务。

在其任内，巴雷特遇到的"最棘手之事"莫过于"偷渡船翻沉事件"。2010 年，印尼"谢夫－221 号"渔船企图将伊拉克难民偷运到澳大利亚，结果在澳属圣诞岛附近遭遇巨浪沉没，50 多人丧生，死者家属起诉到澳大利亚法院，控告澳边境保卫部反应迟钝，漠视难民生命。巴雷特亲自出面，为本部门辩护，并且运用自己的专业知识，向公众反映边境保卫部的实情。他向法庭举证说，圣诞岛缺乏必要的监视设施，无法探测周围出没的可疑船只，况且澳职能部门之间的情报共享机制不健全，难以第一时间展开营救。当原告律师提出为什么当初不在圣诞岛多建几座雷达站时，巴雷特巧妙地回答，雷达主要对钢制船有探测能力，可是对"谢夫－221 号"这类木制渔船却不太"给力"，况且圣诞岛距印尼较近，澳大利亚单方面新建雷达站，容易引起印尼不满。最终，巴雷特化危为机，不仅让边境保卫部摆脱指责，还为本部门争取到更多的政府拨款。

步步高升　位高权重

2011 年 12 月 22 日，巴雷特出任澳海军舰队司令，军衔升至少将。任内，巴雷特努力游说澳国会批准为海军采购 40 艘主战舰艇，力争在 2025 年建成可参与全球行动的"未来舰队"。他还主导制定了澳海军前往中东进行反恐反海盗任务的"拖鞋行动"计划，显著提高了澳大利亚在这片能源富集地区的影响力。

2014 年夏，巴雷特晋升海军中将，出任澳海军司令。美国《防务新闻》报道，目前澳海军拥有 53 艘主战舰艇、42 架直升机、1.7 万名官兵，是美国推进"亚太再平衡"战略的重要盟友。用美国学者的话说，拥有雄厚海军实力的澳大利亚能协助美国保持在东南亚的影响力，像东帝汶、巴布亚新几内亚、所罗门群岛等国出现危机时，美国都不是自己出面，而是鼓动澳大利亚派遣海军干预。有意思的是，2014 年 11 月，俄海军四艘战舰进入南太平洋，美国海军并未出动，而是向澳海军传递情报，让后者代为"跟踪监视"，共享实时信息，这显示出美澳两军"无与伦比的亲密关系"。

戴维斯

"袋鼠王国之翼" 迎来新掌门人

记澳大利亚空军司令
加文·尼尔·戴维斯中将

文 —— 西方朔

号称"两洋锁钥"的澳大利亚是亚太重要国家，近年来，它追随美国参加域外军事行动，从空袭极端组织"伊斯兰国"(IS) 到参加亚太多边军事演习，澳军身影似乎"无处不在"。这其中，澳大利亚空军尤为活跃，美军就称赞澳空军是"战斗力最出色的盟军"。

2015 年 7 月，戴维斯中将出任澳空军司令，这被美国看作是密切美澳军事合作的新契机。因为他不仅拥有指挥澳美联军的丰富经验，还支持澳空军接受美式建军思想，希望澳大利亚成为美国"亚太再平衡"战略中举足轻重的"力量砝码"。

"海归"亲历战火

加文·尼尔·戴维斯于 1979 年加入澳大利亚空军，最初仅是一名不起眼的塔台导航员，随后经过飞行培训，调到南澳大利亚州爱丁堡第 11 中队驾驶反潜巡逻机，正式开启自己的飞行员的生涯。1987 年，戴维斯完成改装 F-111 "土豚"战斗轰炸机的培训，次年调入第 1 中队，正式成为一名战机飞行员。1990 年，他被上级安排交流到美国空军，赴美国加农空军基地驾驶 F-111D 战斗轰炸机。1991 年海湾战争期间，加农基地的 F-111D 机群也奉命调往沙特，尽管戴维斯等外籍军人没被安排参战，但也参与了相关项目策划和组织协调工作，从而获得了宝贵的指挥控制经验。

经过在美军的"嵌入式"见习后，戴维斯于 1993 年回到澳大利亚，随即步入军旅生涯的"快车道"，短短九年里就从普通飞行作战军官成长为主力战斗机中队的中队长：1993 年担任第 1 中队飞行作战军官，1996 年出任第 82 联队飞行作战军官，1997 年出任第 1 中队副中队长，2000 年担任国防部能力系统局参谋，2002 年担任澳空军第 1 中队中队长，军衔为中校，这时戴维斯的总飞行时间已达到 2 000 小时。

在澳空军序列里，第 1 中队的历史非常悠久，它成立于 1916 年的巴勒斯坦战场，曾作为英联邦军队主力参加了许多重要战役，是澳大利亚空军的骄傲，该中队指挥官往往是澳空军司令的"候选对象"。戴维斯上任后，配备美制 F/A-18F 战斗攻击机的第 1 中队成为全军的训练标杆，许多先进战法都在该中队先行试验，2003 年，戴维斯更是亲率第 1 中队参加伊拉克战争，配合美军对萨达姆政府军的关键设施实施轰炸，其作战效率之高令美国空军颇为欣赏，形容澳空军第 1 中队为"毫无陌生感的外军"。

2004 年，戴维斯出任澳空军第 82 联队司令，军衔升为上校，由于其指挥出色，荣获一枚杰出服役十字勋章。2006 年，他担任澳空军司令部作战能力局局长，期间曾赴中东多国空军作战中心担任副主任，继续协助澳空军在伊拉克战场作战。2008 年，他担任澳空军计划局局长。2010 年，戴维斯以少将军衔担任澳大利亚驻美武官，荣获美国颁发的功绩勋章。

2012 年，戴维斯回国，出任澳空军副司令，由于他在澳军中高级指挥职位上干得出色，2014 年荣获澳大利亚军官勋章。2015 年 7 月 4 日，戴维斯正式就任澳空军司令，军衔升至中将。

深化改革，强化训练

绰号"袋鼠王国之翼"的澳大利亚空军，目前下辖总部各局和空军司令部，其中空军司令部掌握作战部队，包括空战大队（辖第 78、81、82 联队）、机动大队（辖第 84、86 联队）、监视与反应大队（辖第 41、42、44、92 联队）、战斗支援大队、航天作战支援大队和训练大队。其中，第 81 联队拥有 71 架 F/A－18A/B，是澳大利亚空防的基础性力量，而第 82 联队装备最先进的 24 架 F/A－18F，是澳空军用于海外航空作战的主力，经常配合美军行动。在戴维斯看来，澳空军现行组织结构并不合理，尤其空军司令部各机关处室与空军总部各局存在职能重叠，权限不清的问题。鉴于今后澳空军介入亚太甚至更遥远地区的安全事务会越来越多，他认为有必要对空军司令部实施改组，取消多余的机关职能机构，只负责作战指挥，直辖作战部队，以减少指挥环节，提高军令的传达效率。

在装备硬件建设上，戴维斯努力推进澳空军的"新面貌运动"。早在他担任空军副司令期间，澳大利亚国防部就批准了高达 100 亿美元的采购项目，从美国洛·马公司引进 100 架 F-35A 战斗机，预计 2020 年开始交付，同时澳空军还将获得美国波音公司全新制造的 12 架 EA－18G 型电子攻击机，从而使现有制空、制海以及制电磁能力上升到新的高度，并且在装备方面与美军实现彻底的通用化。另据美国《防务新闻》报道，澳空军不仅在主战飞机更新方面舍得投入，而且也未忽视辅助飞机方面，2011—2015 年他们向欧洲空客公司采购了七架 A330MRTT 型加油机，2015 年向美国波音公司增购两架 C－17 运输机和八架 P-8A 反潜巡逻机，总价值超过 70 亿美元。

　　尽管澳空军装备精良，但部队员额始终维持在较低水平，仅有约 1.4 万人，其中战斗机飞行员不足 500 人，难以使未来将近 300 架作战飞机发挥最大效率。为了解决飞行员短缺的问题，戴维斯曾建议澳陆军航空兵的直升机飞行员也能参与空军飞机驾驶训练，但澳陆军坚决反对，担心本已不多的飞行员会被澳空军挖走，令陆航部队更加捉襟见肘。不过，戴维斯并不死心，仍然在国防部系统内推动这项训练改革，他希望得到同样是空军出身的国防军司令宾斯金的支持，实现飞行员培训的"跨军种化"。

　　需要指出的是，由于参与过海外多国多军种联合作战，戴维斯对三军联合训练以及多国联合演习非常看重，认为这是提升澳国防军战斗力的"必由之路"。戴维斯曾在国防部会议上建议三军建立更紧密的协作机制，实现作战资源的进一步共享，但令他没想到的是，澳海军和陆军出于军种本位的考虑，迟迟没有回应。不过，既有"超前思维"，又有澳美联合作战经验的戴维斯倒是深受澳大利亚国防部长约翰斯顿以及总理阿博特的器重，外界已在猜测他有可能接替宾斯金，成为下一任澳大利亚国防军司令。

澳大利亚空军

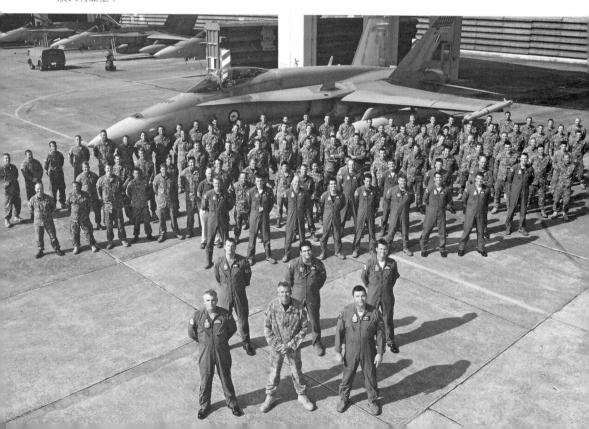

印尼国防部长里亚库杜

强硬职业军人欲缔造"亚洲之虎"

记印尼国防部长
里亚米扎尔德·里亚库杜

印度尼西亚在东南亚有着举足轻重的地缘政治地位，该国领导人也喊出要在不远的将来成为"亚洲之虎"。但要想实现这一目标，印尼还面临许多难题。在国防领域，印尼国民军装备落后，军队经商也削弱了军队的职业化程度。为了重塑军队形象，2014年10月26日，印尼总统佐科·维多多任命素以强硬著称的前印尼陆军上将里亚米扎尔德·里亚库杜出任国防部长，这被外界视为印尼国防改革将进入快车道的重要标志。

平定内乱　受到赏识

里亚米扎尔德·里亚库杜，1950年4月21日出生于南苏门答腊的巨港，其父在印尼独立战争期间表现英勇，曾是军中显赫人物。里亚库杜20岁时进入印尼陆军服役，曾在伊利安查亚（西伊里安）、马鲁古、亚齐等地服役，服役期间，他屡次同当地的分离武装交战，积功升至少将师长。

正当里亚库杜在各地剿匪平叛之时，时任印尼总统的苏哈托给予军人集团极大的政治和经济特权，许多军官参与伐木、采油、水产等贸易活动，甚至有军官用营房开办工厂。不过，里亚库杜始终对此不以为然，他认为军人的"第一天职"是保卫国家，经商和从政都是不务正业。

1998年，苏哈托因国内政治危机下台，新的文人政府非常欣赏里亚库杜，不断予以提拔。2000年，印尼总统瓦希德遭到渎职指控，地位不稳，他决定任命里亚库杜担任陆军战略后备部队司令并晋升三星上将，该部队负责包括首都雅加达在内的整个爪哇的安全。外界分析，瓦希德此举显然是希望里亚库杜和自己"共进退"，但里亚库杜却在接受记者采访时表示，军队必须对整个国家效忠而非对任何个人效忠。结果当年7月23日，印尼人民协商会议宣布罢免瓦希德，副总统梅加瓦蒂接任总统，里亚库杜被擢升为陆军参谋长，晋升四星上将。

在梅加瓦蒂政府时期，里亚库杜把大部分精力放在镇压"自由亚齐运动"上。"自由亚齐运动"谋求在印尼最西部的亚齐省独立建国，长期与印尼政府军交战，被印尼政府认定为分裂组织。

2002—2004年，里亚库杜调动至少40 000人的军队，对"自由亚齐运动"实施全面清剿，经过激烈战斗，政府军恢复对亚齐省所有228个行政区的管理（此前政府军只能勉强控制其中129个行政区）。

印尼军队直升机编队

2005 年，里亚库杜因"个人原因"辞去军职，转而进军政界。他在 2008 年参加印尼国民大会时曾表示愿意竞选总统。2014 年，里亚库杜积极帮助佐科竞选总统，佐科当选总统后很快任命里亚库杜担任国防部长，取代 2009 年上任的文官防长普尔诺莫·尤斯吉安托罗。

重建军备 填补亏空

对于里亚库杜所接手的印尼国防部，国际观察家认为有太多"负资产"需要处理。伦敦大学东南亚问题研究专家麦克拉伦说："印尼军队长期处于'缺钙'状态，令国家安全存在不确定因素。"瑞典斯德哥尔摩国际和平研究所研究员戈登·阿瑟称，与马来西亚等邻国相比，印尼的军事开支少得可怜，2003—2007 年间，印尼军费仅占 GDP 的 1%～1.4%，是马来西亚同期军费投入的 12%。里亚库杜曾抱怨说，由于经费紧张，印尼海军陆战队在训练时甚至很少使用装甲车，军队不得不通过商业活动来填补亏空，这无疑会干扰军队履行保卫国家的职责。

据马来西亚《亚洲防务月刊》分析，佐科总统延续其前任苏西洛的"重建军备"计划，大幅改善印尼国民军的面貌。在苏西洛执政期间，印尼政府投入约81.97亿美元引进现代化装备，苏西洛曾自豪地说："在我国群岛周围的海上，我们可以看到崭新的护卫舰、飞机和两栖战车，印尼国民军现在还拥有了德国'豹2'主战坦克，空军则得到全新的苏-30MK战斗机，未来我们还会看到更多。"

展望未来，里亚库杜领导下的印尼国防部将致力于为军队购置更多先进装备，提高部队战力。不过美国《华盛顿邮报》认为，里亚库杜更希望促进印尼国防工业的成长，避免军事技术受制于人。有消息称，印尼已与韩国达成共同开发KF-X隐形战机的框架协议，印尼在双方合作中主要扮演"出资者"，负担20%的项目资金（约80亿美元），希望通过与韩国的合作"获得急需的、超出自己能力范围的技术"，从而带动本国军事工业的发展。

对美合作　小心谨慎

里亚库杜尽管对曾经制裁印尼的美国心存芥蒂，但并不反对加深两国间的军事合作。而美国想与印尼发展军事伙伴关系，提供军援和批准军售是最直接的做法。事实上，除菲律宾外，印尼是接受美国安全援助最多的东盟国家。美国自2005年解除对印尼的军援和军售禁令后，双方在军售、军事训练和演习等领域都建立了稳定的合作机制。

如今随着美国将战略重心向亚太转移，美国已完全恢复对印尼的军售和国防合作关系，多种先进武器系统都获得出口印尼的许可。2011年，美国向印尼赠送24架F-16C/D战机（印尼需花费7.5亿美元升级战机）。2013年8月，美国宣布将向印尼出售八架AH-64E"长弓阿帕奇"武装直升机（价值五亿美元）。美国还鼓动与印尼合作实施无人机部署计划，提高印尼海上监视能力。

有美国专家称，反恐也将成为美国与印尼军事合作的重点。据称，在叙利亚和伊拉克攻城略地的极端组织"伊斯兰国"（IS）已经波及东南亚，目前已有数百名印尼人受极端思想蛊惑前往中东受训，未来他们可能回国制造恐怖袭击。分析人士认为，印尼倘若无法消除国内分离主义分子或极端组织的威胁，就不能全力投入国家建设，因此不排除里亚库杜会寻求美国的反恐协作。

帕里卡尔

印度"经济达人"出任"三军总管"

记印度新任国防部长
马诺哈尔·帕里卡尔

文 — 雷炎

尽管经济面临"下行压力",但印度军购却依然"不差钱"。据英国《简氏防务周刊》报道,印度在2010—2014年间用于进口国防产品的经费累计达到10 340亿卢比,几乎是其他南亚国家同期军购总额的三倍。不过,2014年11月9日上任的印度国防部长马诺哈尔·帕里卡尔对此却并不满意,他认为大手笔军购并不能从根本上提高国家的国防实力,他渴望走出一条全新的"强军之路"。

拆除"不必要的墙"

走马上任后,帕里卡尔便马不停蹄地视察部队,出席高端防务研讨会,并亲自前往国会,就重大国防安全议题接受质询。2014年12月12日,帕里卡尔在接受记者采访时表示,经过协调,国防部与工业政策促进总局已决定发放一批国防工业生产许可证,允许民营企业参与各类军工产品生产,涉及领域包括军用飞机部件、导弹、火箭弹、鱼雷、潜航器、声呐系统、弹药和雷达,此前印度相关法律禁止民营企业涉足敏感军工领域。帕里卡尔说:"我们不能在生机勃勃的民营企业与军队之间设立一道'不必要的墙'。"帕里卡尔强调,印度国防部会认真落实《国防生产政策》,为民营企业进入国防工业领域提供良好的条件,并挖掘中小企业本土生产的潜力,扩大国防研究与开发的基础。

为了帮助本国企业提高技术能力,帕里卡尔还推动国防部修改"全球采购"项目中的细节,坚持把"技术转移"列为对外军购的重要内容。与此同时,帕里卡尔要求印度国防部修改过时的"黑名单"制度,与之前因行贿遭封杀的外国军火商重新来往,目的是"投桃报李",鼓励对方向印度军工领域投资。他曾在国会举了一个例子:意大利芬梅卡尼卡集团的一个子公司前些年曾在向印度推销12架AW-101直升机时行贿,丑闻曝光后遭到制裁,"可是芬梅卡尼卡有39家子公司,我们却和所有39家子公司都停止交易,这是不恰当的"。帕里卡尔指出,印度政府努力吸引国外直接投资军工企业,愿意将外商直接投资比例从26%增加到49%,此举意在促进武器装备生产的本土化。

果阿邦的"经济达人"

1955年,帕里卡尔出生于果阿邦马普萨镇的婆罗门家庭,其父领导过果阿邦摆脱葡萄牙殖民统治的群众运动，并成为当地印度教社团的领袖。或许是受到父亲的影响，帕里卡尔于1978年从孟买理工学院毕业后，就进入代表印度教政治立场的人民党，主持青年团体"国民卫队"的工作，该组织坚持用印度教价值观来确立国家文化意识形态。

帕里卡尔具有较强的经济头脑，堪称"经济达人"。他以创办旅游企业起步，26岁时出任果阿贸易协会主任，在经济界建立了广泛的人脉关系。在政治方面，依靠家族声望和人民党的支持，帕里卡尔于1994年当选果阿邦议会议员。1999年6月至11月，帕里卡尔担任果阿邦反对党领袖。2000年，帕里卡尔代表人民党拿下了果阿邦的执政权，出任该邦首席部长。

果阿邦是印度面积最小的邦，既无矿产资源，也没有可以依托的传统产业。帕里卡尔执政后积极打"旅游牌"和"历史牌"，以此吸引外国游客。如今，果阿已成为印度最富裕的邦，人均GDP是全国平均值的2.5倍。不仅如此，身为果阿邦首席部长的帕里卡尔不忘为人民党"拉票助选"，为人民党赢得2014年的大选立下汗马功劳。

印度新总理莫迪上台后，帕里卡尔不仅是最先被调入中央政府的地方官

印度边防军阅兵方队

员，而且是在过去从未与军界有过接触的情况下被任命为国防部长。

2014 年 11 月 10 日，帕里卡尔上任后的第二天，便召集陆、海、空三军参谋长召开记者招待会，针对记者提出近十余年来多项军购存在腐败的问题，帕里卡尔宣布除了支持前任防长加特利的政策外，还强调要在军工领域推广莫迪总理提出的"印度制造"战略，要求军方尽可能装备国产武器，并要求印度公司积极参与国际军品贸易的市场竞争。

贯彻"印度制造"战略

尽管帕里卡尔对打造"世界一流"的印度军队充满信心，但美国布鲁克林研究所高级研究员斯蒂芬·科恩认为，印度国内积习已久的弊端限制了军事潜能的发挥。具体到印度军队现代化领域，莫迪政府过分强调"扶植本土军工事业"，可是公办的"国防研究与发展组织"一直成效不彰，总是从政府拿到巨额资金支持后，无法向军队交付合格的产品，一旦出现项目流产，责任追究却又不了了之，这种现状使得印度军工产业效率极为低下。

专家指出，"印度制造"是莫迪政府提出的总战略，强调发挥印度的人口优势，吸引各方投资印度制造业，再将商品销往世界各地。作为莫迪团队的核心成员，帕里卡尔当然希望把这一战略贯彻到国防军工领域。可是"冰冻三尺，非一日之寒"，印度军队已养成使用"进口货"的习惯，而且由于印度国内制造能力普遍低下，"印度制造"的军品基本就是"低端"的代名词，很多印度军人抱怨国产装备制造工艺粗糙，质量又不稳定，因此不愿使用。

更重要的是，行政效率低下是阻碍印度发展军工的另一大顽疾。在许多外商眼里，印度国家安全机构中存在各行其是、互不协调的问题，政府和军方只是通过追加国防预算来缓和问题的尖锐程度，但涉及机构调整和发展重心的深层次改革却难见踪影。外界普遍认为，与军工强国相比，印度仍有巨大的差距，印度可能会在一些领域培育出具有较高竞争力的高附加值企业，但就整个军工业而言，印度要想"有声有色"，还有很长的路要走。

现代军事人物

多万

打造"向东行动"的"新战略前哨"

记印度海军参谋长
多万上将

文

雷
炎

2015年夏，印度海军在毗邻马六甲海峡的安达曼–尼科巴群岛展开密集的部署行动。为了在经济发展最快的亚太地区获得影响力，印度政府决心将此前"向东看"的政策升级为更积极的"向东行动"政策，试图在亚太发挥更大的军事作用。在此过程中，由多万上将领导的印度海军无疑要扮演极为重要的角色。

专家分析，未来印度海军力量布局将从"西重东轻"调整为"东西兼顾"，强化在东部安达曼海的布防。印度海军的上述调整都将在多万上将任内完成或打下坚实基础。

印度的"关键岛链"

2015年7月中旬，四艘印度军舰在结束对东南亚国家的访问后入驻安达曼–尼科巴群岛首府布莱尔港，与此同时，印度海军参谋长多万在接受国内媒体采访时透露，国防部已同意出资10亿美元，向美国波音公司增购四架P-8I"海神"反潜巡逻机，部署地点也有望选在安达曼–尼科巴群岛。英国路透社称，这些军事动向显示原本以海滩、潜水闻名的安达曼–尼科巴群岛正悄然成为印度海军的"新战略前哨"，印度方面试图以此来应对亚太新兴国家在印度洋方向不断增强的海军活动。

从地图上看，安达曼–尼科巴群岛实际是由572座岛屿组成的"岛链"（其中仅有30多座岛屿有人居住），由北向南绵延将近1 000千米，印地族占该群岛居民的多数，但数量不超过40万人。实际上，安达曼–尼科巴群岛的"最大本钱"无疑是其优越的地理位置，它位于马六甲海峡的西出口处，而后者是全球最重要的海军和贸易咽喉之一，亚太各国的海上生命线都经过此处。

长期以来，安达曼–尼科巴群岛在印度政府的战略意识里处于边缘位置，直到2001年10月，新德里才在布莱尔港组建安达曼–尼科巴三军联合司令部，由陆海空三军参谋长轮流指挥，直接向印度参谋长委员会主席报告。该司令部的辖区是安达曼–尼科巴群岛及其周围的专属经济区，任务包括海洋监视、人道救援、反海盗、查禁军火走私、缉毒等。如今，司令部还负责监控途经马六甲、龙目、巽他等印度洋东部国际海峡的船只，确保关键航道安全。

自从2014年出任印度海军参谋长以来，多万多次前往安达曼–尼科巴群岛视察，他认为这里将成为印度海洋战略的"新里程碑"，是抵御东部海上威脱的"防火墙"以及印度向太平洋投送海军力量的"绝佳跳板"。

英国《简氏防务评论》杂志认为，多万等印度海军将领意识到安达曼-尼科巴群岛对马六甲海峡西侧的两条关键水道享有"无与伦比的区域优势"。原来，从马六甲海峡西去的船只大多要经过印尼亚齐岛和印度海军最新航空站大尼科巴岛之间的六度水道（宽度为 200 千米），这意味着各国船只在通过马六甲海峡之后，也要经过印度的专属经济区。而在六度水道的北部，还有宽度为 150 千米的十度水道，它将安达曼-尼科巴群岛"拦腰斩断"，如果有船只离开马六甲海峡后想驶往孟加拉湾，十度水道同样是"必经之处"。正是基于这些原因，多万对安达曼-尼科巴群岛的防务极为上心。

军旅生涯已达 40 年

据印度国防部官网提供的信息，多万是 1975 年 1 月开始军人生涯的，他先后在印度国防学院（第 45 期班查理中队）、印度国防参谋学院和美国海军战争学院求学，并在英国完成"海鹞"垂直起降战斗机的上舰运行与舰机协同作战研究。多万是个学习的"好苗子"，他从印度国防学院毕业时被评为"最佳学员"，得到院长颁发的一副望远镜；完成候补军官训练后又因成绩出色，而获得"荣誉之剑"嘉奖。

作为印度海军中的导航与定向技术专家，在近 40 年的从军生涯中，多万大部分时间都扮演着出谋划策的参谋或顾问角色。他曾在"维拉特"号航母上担任航空部门主管，能够娴熟地指挥"海鹞""海王""云雀""贸易风"等多型战机密集起降作战，并能在航母饱和装载情况下有条不紊地安排战机飞行作业，令西方海军深感钦佩。

在外界看来，长期的指挥参谋工作造就了多万的行事风格：思维缜密，判断准确，行动谨慎。值得一提的是，多万有浓重的"小资"情结，他与同样出身名门的阿米努结婚后，成为一对喜好音乐和休闲的情侣，非常喜欢打高尔夫球和开游艇，甚至在有了一个女儿和两个儿子后依然如故。

2006 年起，多万接过母校印度国防学院的教鞭，担任该院院长，这所学校在印度享有盛誉，被称为"高级军官的摇篮"。外界认为，多万的校长身份为他积累了人脉，让他有了更多向更高职位前进的资本。果然，2011 年 8 月，多万被任命为海军副参谋长，俨然是印度海军中的"二号人物"。2014年，印度海军连续发生多起船毁人亡的事故，海军参谋长乔希迫于舆论压力，不得不自动请辞，多万被国防部长钦点为新任海军参谋长。

有意思的是，当时多万在印度海军中的资历略显不足，印度西部海军司令部参谋长谢卡尔·辛哈就比多万拥有更长的从军履历和更丰富的指挥参谋经验。按照印度海军论资排辈的传统，接替乔希者理应是辛哈而非多万。尽管辛哈以及印度西部海军司令部一帮人私下发了许多牢骚，但在印度国防部力挺下，多万还是坐稳了海军参谋长的位置。

印度海军航母战斗群

　　　　　　　　　　　　　　　　　　　　　现代军事人物

专家指出，伴随着印度丰富"向东看"政策内涵并向"向东行动"政策转型，多万麾下的印度海军正成为新德里得力的"外交工具"。目前，印度海军不仅提高了与美国海军的合作程度，还与日本、澳大利亚等国海军恢复了一度处于休眠状态的合作关系，甚至偶尔在南海扮演"确保航行自由"的"维护者"角色。伴随着相关实力的提升，印度海军将充分利用安达曼-尼科巴群岛的特殊位置，监控往来于印度洋和西太平洋地区的海军舰艇和民用船舶，为印度在亚太不断增长的经济、政治和军事利益服务。

拉哈

"米格医生"致力打造"战争尖兵"

记印度空军参谋长
阿鲁普·拉哈上将

文 — 雷炎

2015 年一开始，印度空军颇有些"开局不利"，先是印度国防采办委员会推迟空军运输机更新项目，紧接着又传出印度与俄罗斯合作的第五代战斗机项目存在"不平等关系"，印度难以获得核心技术，这使得印度空军未来发展出现变数。即便如此，印度空军参谋长阿鲁普·拉哈上将依然充满信心，表示印度空军将在 2015 年落实多项规划，特别是加快新装备采购进度，改革指挥体制，打造现代化的"战争尖兵"。

年初遭遇两大"利空"

据英国《简氏防务周刊》报道，印度国防采办委员会新近批准了总额达444.4 亿卢比（约合 7.05 亿美元）的采购清单，但印度空军却"颗粒无收"，原本认为"板上钉钉"的中型运输机更新项目被搁置，理由是"未能充分竞争"。消息人士称，由于 56 架现役乌克兰安−32 运输机已不堪使用，印度政府期望以 20 亿美元的代价实现空军中型运输机的更新，可是参与招标的厂商要么存在自身能力缺陷（如乌克兰公司受国内拖累，拿不出完整的投标方案），要么就是不肯削价（如欧洲空客集团报价 30 亿美元，并由欧洲原厂制造其中16 架），这让印度国防采办委员会感到极为不满，索性推迟采购。尽管印度空军参谋长拉哈展开多轮游说，但采办委员会仍以"条件不成熟"为由，拒绝批准项目。

与此同时，印度空军还在为印俄合作研制第五代战机的项目伤脑筋。据俄罗斯《军事平等》网站披露，印度已为该项目的基础设计投入了 2.95 亿美元，却发现自己承担的技术工作量从初期的 25% 降至 13%，印度企业只获得研制战机轮胎、基础导航设备、激光指示吊舱、头盔显示系统和雷达附加冷却剂等外围设备的资格。不仅如此，俄方还拒绝公开战机设计的原代码，甚至在未通知印方的情况下自行改变设计指标，这让印度空军担心对项目整体研发成本、飞机可维护性和安全特性等方面失去控制。曾与拉哈共事的退役军官巴蒂亚表示，拉哈认为，既然印度承担近半研发成本，就必须获得"相称的回报"，不应被俄罗斯利用。作为回应，拉哈已向国防部提出，将相关采购计划从原先的220 架削减至 130～145 架。

印度空军

谋划"三叉戟"式改革

面对不利局面，印度空军参谋长拉哈并未丧失信心，在他看来，本届人民党政府"非常务实"，"他们正在对每一项采购案进行评估，每个问题都有希望得到最终解决"。他认为，所有印度人都在关心空军发展，因为这将是一支在未来战争中扮演尖兵的突击力量，所以他认为眼前的困难可以克服。

拉哈称，印度空军正在推进"三叉戟"式的改革，即"立足现有装备、升级与采购三头并进"。为此，印度空军已经制定"2012—2017 年""2017—2022 年""2022—2027 年"三个连贯的五年发展计划，对空军未来的改革与发展进行指导。印度空军还特别制定了一份综合远景发展计划，详细规划战斗机、运输机、直升机、作战支援飞机以及防空系统的维护、升级以及采购事项，同时明确指出将致力于搭建以网络为中心的作战体系，保证体系内作战节点的无缝链接。

拉哈承认，印度绝大部分军用飞机都依靠外购，印度国防工业对此无能为力，因此为了保证空军改革取得成功，印军制定了"基础设施全面升级计划"，集中力量建设一批先进的作战及技术设施。拉哈还透露，除上述大大小小的规划和计划外，印度空军还制定有"未来技术展望"与"作战能力提升路线图"两项规划，并在此基础上建立"采购需求提前告知"制度，"我们定期与印度私营或国营企业进行沟通，告知他们国家急需哪些重要技术或关键技术"。这项制度既可避免重复浪费，又能集中力量协调攻关，以最小代价获得最好结果。

"米格医生"经验丰富

从拉哈的从军经历来看，这是一个充满进取精神的军人。1954年12月26日，拉哈生于西孟加拉邦加尔各答，父亲是当地有名的医生。得益于殷实的家境，拉哈从小接受了良好的教育。他1970年从著名的萨伊尼克公学毕业，随后考入印度国防研究学院，1973年6月，拉哈从印度国防研究学院毕业，被授予金质勋章。之后，他进入空军学院，接受HT-2初级教练机和HJT-16中级教练机的驾驶培训。

1974年12月，拉哈以上尉军衔进入西部的空军基地服役。当时，他驾驶的是苏制米格-21等战斗机。受当时苏联领导人赫鲁晓夫"导弹致胜论"的影响，这种战斗机没有机炮，机载武器只有K-13空空导弹。拉哈等飞行员在训练中发现，没有机炮的战机作战样式单一，几乎丧失近距格斗能力，因此强烈要求苏联技术顾问帮助印度人给飞机安装外挂机炮，提高作战效能。

1992年，技术经验丰富的拉哈被任命为第47战斗机中队（绰号"黑射手"）指挥官，该中队装备的米格-29战斗机虽然性能先进，但它所配备的RD-33涡扇发动机使用寿命偏短，制约了部队的出勤效率，为此拉哈组织人员攻关，通过调整训练值勤节奏、提高地勤维护效率等措施，使战机的出勤效率回升到正常水平，被戏称为"米格医生"。

2010年，拉哈离开一线作战部队，进入空军学院任教，此时他已积累了超过3 400小时的飞行时间。2011年11月，拉哈被任命为印度西部军区空军参谋长，并晋升空军少将，负责指挥印巴沿线的航空兵主力。2012年，拉哈被提拔为中部军区空军司令，稍后改任西部军区空军司令，军衔升至空军中将。2013年12月31日，他接替退休的纳亚克上将，出任印度空军参谋长，并晋升空军上将。

烈火 –5 导弹之母托马斯（左一）

文
—
雷
炎

"印度导弹事业的瑰宝"

记印度烈火 –5 导弹项目领军人
泰西·托马斯

　　2012 年 4 月 19 日，印度成功试射一枚射程达到 5 000 千米的烈火–5 远程弹道导弹，据说这种可携带一吨核弹头的导弹是印度跨入"核大国俱乐部"的"门票"。试射成功后，时任印度总理曼莫汉·辛格和国防部长安东尼就向负责研制该导弹的技术主管泰西·托马斯发去贺电，称她是"印度导弹事业的瑰宝"。按照《印度教徒报》的说法，在男人一统天下的印度导弹研究领域，托马斯以巾帼之身研制出最具威力的导弹，是给"有声有色"的印度国家形象再添"神采一笔"。

创造历史的女人

当4月19日烈火-5导弹准确落入印度洋预定海区时，呆在惠勒岛试验靶场的几百名工程师顿时欢腾起来，他们互相拥抱，还准备按照以往的"惯例"，把烈火-5导弹项目领头人托马斯举到肩膀上。可是大家找了半天却没能找到这位女强人，只得将另一位元勋——弹道导弹项目总负责人阿维纳什·钱德尔扛在肩膀上，以宣泄内心的喜悦。实际上，这时候托马斯正呆在僻静的角落里整理身上的纱丽，回忆科研团队在研制过程中所经历的艰辛。

据《印度斯坦时报》披露，在发给托马斯的贺电中，印度总理辛格称赞她为祖国敲开了由拥有洲际导弹的国家组成的"精英俱乐部"大门，因该导弹的射程勉强符合了国际上某些国家有关"洲际导弹"定义的最低标准，所以印度"成功发射烈火-5创造了历史，并使我们的国家在导弹领域感到自豪"。国防部长安东尼则在贺电中，对托马斯在过去数年间"创造性"地领导了400多人的科研团队，突破新材料和新技术难关，为烈火-5导弹开发出足够推力的火箭发动机感到由衷的钦佩。英国伦敦大学国王学院的印度裔防务问题专家哈什·潘特则强调，烈火-5的试射是"印度信心的提升"，称此次试射"预示着印度登上了国际舞台，（并且）应当坐上贵宾席"。

远程导弹"掌门人"

据阿联酋《海湾新闻报》报道，泰西·托马斯，1964年出生于印度喀拉拉邦的阿拉布扎，父亲是个五金商人，母亲则是家庭主妇。1984年，托马斯以优异成绩考入位于浦那的特里苏尔工学院，她出人意料地攻读了机电一体化和武器制导专业，逐步成长为一名导弹领域的权威。

1988年毕业后，托马斯申请进入位于海得拉巴的国防研究和发展组织工作，该组织全权负责印度国产武器的开发工作。多年以后，她回忆说："我上中学时，就被美国的阿波罗登月计划深深吸引了。那时，我就立志要成为火箭科学家。大学毕业后，我毫不犹豫地挤进'男人们的天下'——导弹研究领域。这一选择招来了很多嘲笑声，但最初理想激发出的勇气，使我没有却步。"

托马斯能成为印度导弹研究领域的权威人物，与她的坚韧性格和持续付出的努力分不开。早在烈火 - 3 导弹试验期间，她就体现出了这一特点。烈火 - 3 导弹早期的发射试验曾经出现过失败，印度媒体当时曾挖苦说："烈火 - 3 导弹偏离目标 1 800 千米！"试验的失败让参与该项目的科学家们沮丧到极点。一名科学家承认，当时科研队伍士气受到沉重打击。

关键时刻，托马斯向部门领导提出，烈火 - 3 导弹的问题可能出在气动外形设计与运算上，这一说法遭到男工程师们的集体抵制，一位项目首席科学家甚至放话说："如果真如托马斯所说，我就把名字倒过来写！"领导抱着试试看的态度，让托马斯重新检查烈火 - 3 导弹的设计缺陷。为了争一口气，托马斯特意挑选七名女性工程师和自己一道来负责技术复查工作，事实证明她的推断是正确的。事后，烈火导弹总项目主任钱德尔称赞说："她是我们整个导弹研究团队里最专心、最有才华的科学家之一，她总能找到解决问题的办法。就连男科学家无法解决的问题，她都能解决。"

打破"玻璃天花板"

不过，托马斯也有自己的苦衷：她的儿子和丈夫。托马斯的丈夫是海军军官，工作也很忙碌，可还得管家里的大小事情。2009 年，托马斯的儿子要参加一场重要考试，可就在考试当天，他却发起了高烧，"我是儿子带病参加考试当天抵达发射场的，一呆就是一个月。"托马斯愧疚地说，"好在儿子很懂事，他并不怪我。""我每天凌晨 4 点就得起来工作，直到半夜才能下班，真不知道怎么才能顾得上儿子和丈夫。"

托马斯面临的第二个难题是人才流失。由于商业公司能开出高薪，她手下的导弹专家们纷纷跳槽。托马斯承认："面对高于现在四五倍的薪水，要说不动心就太假了。"根据印度国防部的统计，从 2003—2007 年，总计有 1 107 名导弹专家辞职，平均每两天就流失一名。托马斯表示："我之所以能坚持自己的研究，完全是为了国家利益，为了印度的安全！"托马斯还表示，性别的原因从未阻碍自己履行职责，"性别偏见从来就不是个问题。对于科学家来说，根本就不存在性别歧视。"

现代军事人物

2009 年，印度政府破例将托马斯提拔为烈火 - 5 导弹项目的技术主管，2011 年她又获得印度国家最高科学奖。2012 年 1 月份，印度总理曼莫汉·辛格公开表示，托马斯"是成功打破传统由男人控制的营垒的杰出女性，她彻底打破了'国防领域（性别歧视）的玻璃天花板'"！

阿西夫

"经济达人" 推动对外军事合作

记巴基斯坦国防部长
赫瓦贾·穆罕默德·阿西夫

文
—
雷炎

由于也门内战的"蝴蝶效应"持续向外扩散，远在南亚的巴基斯坦也受到波及。据报道，领导联军空袭也门胡塞民兵的沙特已通过多种渠道促请巴基斯坦出兵助战。

由于沙特长期支持巴基斯坦的经济和国防建设，对于沙特的要求，巴方很难拒绝，然而，胡塞民兵得到伊朗的支持，而伊朗也是巴基斯坦的重要邻国和主要能源供应方。外界分析称，面对两难选择，巴基斯坦国防部长赫瓦贾·穆罕默德·阿西夫的态度至关重要，他作为国防委员会的成员，具有关键性的影响力。

金融达人　执掌军权

1949 年 8 月 9 日，阿西夫出生在旁遮普省的锡亚尔科特，其家庭属于从克什米尔迁来的部落贵族阶层，父亲穆罕默德·萨夫达尔是巴基斯坦建国之初著名的经济学家和政治分析师，在国内有相当大的号召力。20 世纪 80 年代，巴基斯坦总统齐亚·哈克对国家实施军管，萨夫达尔曾为其制定经济改革计划。

1965 年，阿西夫从锡亚尔科特高中毕业，进入旁遮普大学学习商业和法律。1970 年，阿西夫获得旁遮普大学的双学士学位，随后前往英国继续深造。1972 年，阿西夫进入伦敦经济学院（LSE），致力于经济学研究。学业有成的阿西夫，很快成为伦敦金融界炙手可热的人物，他先是在 20 世纪 80 年代加入国际商业信贷银行（BCCI），后来又接受阿联酋政府邀请，接管 BCCI 在当地的一家分支机构，成为 BCCI 的高级管理人员。

1990 年，阿西夫凭借丰富的金融知识和对伊斯兰文化的熟悉，成为西方金融界进军海湾阿拉伯国家的"引路人"，而且与海湾阿拉伯国家的王室特别是沙特王室建立起密切关系。外界分析，正是这一点为其日后进入巴基斯坦政界起到重要的助推作用，要知道沙特在巴基斯坦有极大的经济影响力。

1991 年，阿西夫的父亲去世，他辞去了 BCCI 的相关职务，返回巴基斯坦打理家族事务。也正是在这个时期，阿西夫与巴基斯坦国内的穆斯林联盟（谢里夫派）形成共鸣，他为谢里夫派领袖、时任总理的纳瓦兹·谢里夫出谋划策，整顿死气沉沉的国家经济，发展市场经济，重视基础建设，抑制过高的

巴基斯坦军队阅兵式

军费开支。

1997—1999 年，谢里夫第二次执政，阿西夫被任命为国家私有化委员会主席，推行全盘西化的私有制改革和以放松管制为目的的银行业改革。然而，实践证明，全盘西化的私有制和银行业"自由化"并不适合巴基斯坦的经济环境，这些激进措施的实施导致巴基斯坦国内局势动荡。随后，巴基斯坦军方出面干预，最终导致 1999 年发生穆沙拉夫领导的军事政变，阿西夫等旧政府官员被捕入狱。

2002 年获释后，阿西夫仍然忠于穆斯林联盟（谢里夫派），对穆沙拉夫军政府持批评态度。2013 年，穆斯林联盟（谢里夫派）在大选中获得胜利，谢里夫第三次登上总理宝座，阿西夫也时来运转，先是担任水电部部长，不久又出任国防部长。顺便提一下，阿西夫出任谢里夫政府的部长职务曾遭遇国内政治势力的"杯葛"，有人向最高法院状告阿西夫拥有双重国籍，根据宪法，他没有资格担任公职。不过，在穆斯林联盟（谢里夫派）以及沙特等外部势力的力挺下，阿西夫平安度过了这场法律危机，坐稳了自己的位子。

现代军事人物

协调发展　推进合作

英国《简氏防务评论》认为，经济学家出身的阿西夫在巴基斯坦政坛和国际外交圈摸爬滚打多年，和各种势力打过交道，很会把握分寸。由他出任国防部长反映出谢里夫政府希望平衡国防与经济建设之间的关系。有分析称，谢里夫政府目前不仅面临诸多经济难题，如失业率上升、电力供应紧张、反腐败形势严峻等，国际国内的安全形势也不容乐观，在维持 50 余万军队正常运转的基础上，已经拿不出太多的资金帮助军队改善装备。因此，阿西夫担任国防部长期间最主要的任务是做好协调工作，将有限的国防经费用在刀刃上，提高资金使用的效率，为国家经济振兴保驾护航。

据报道，巴基斯坦武装力量由现役部队、预备役部队和准军事部队组成，总兵力 56.9 万人，陆军服役期限为 7 年，海空军为 7～8 年。军人在国内有着很高的政治地位，待遇也很不错，一个服役 8 年的士兵，每月薪资可以超过 1 000 美元，在巴国内可以算是高薪。尽管蹲过军政府的大牢，但阿西夫并未戴着"有色眼镜"看待军队。在多次内部会议上，他都强调强大的武装力量是巴基斯坦的立国之本，必须尽力保证军方的利益不受影响。同时，他也强调军队必须接受政府的节制，并克制在军费方面的"过度要求"。

需要指出的是，阿西夫还利用与沙特、阿联酋等国主政者的良好关系，推动巴军人才的输出，间接为巴军现代化建设营造良好的外部环境。据悉，沙特的陆军、空军得到巴基斯坦军官团的训练支持，阿联酋空军的人员训练也是由巴基斯坦空军一手包办，阿布扎比的机场上经常能见到巴基斯坦飞行教官的身影。正是这些影响力，使得巴军即便买不起西方先进武器，也可以通过人才输出的方式，了解西方武器的使用方法和战术运用，进而引导本国军队的建设方向。

巴基斯坦　　国防部长　　赫瓦贾·穆罕默德·阿西夫

拉赫利·谢里夫

文
—
雷
炎

"一号将军"面临多重挑战

记巴基斯坦陆军参谋长
拉赫利·谢里夫上将

熟谙巴基斯坦情势的学者指出，要分析该国形势，离不开"3A"因素，即军队（Army）、宗教（Alah）和美国（America）。2013 年 11 月 29 日，巴基斯坦陆军参谋长阿什法克·佩尔维兹·基亚尼拉在退休之际把权柄交给了拉赫利·谢里夫上将。时值美军撤离阿富汗，在巴基斯坦国内反恐形势渐趋复杂的情况下，拉赫利无疑将面临多项挑战。

出现"谢里夫同盟"

巴陆军参谋长拉赫利·谢里夫和时任总理的纳瓦兹·谢里夫同姓，尽管两人之间既没有血缘关系，也没有裙带关系，但这种"名字贴近性"似乎预示着两人之间的关系会有不错的开局。

众所周知，纳瓦兹·谢里夫总理在其第二个总理任期（1997—1999 年）时曾因与时任陆军参谋长的穆沙拉夫闹翻而黯然下台。如今，纳瓦兹·谢里夫第三次执掌总理大权，当然格外重视军队因素。对此，拉赫利·谢里夫在就职仪式上明确宣示今日之军队不再是"1999 年（卡拉奇政变）之军队"，军方要向不干预政治，并支持民主发展等方面冲刺，言下之意是乐意呈现军政和谐的"谢里夫同盟"。

客观而言，拉赫利·谢里夫所面对的现实压力是巨大的，和总理同舟共济是军队与政府都必须接受的选择。一方面，被称为"纪律部队"和"精神楷模"的巴陆军任务繁重，面对巴基斯坦塔利班（巴塔）恐怖袭击、自然灾害救援，以及印度军事竞赛的压力，巴军方急需与国家政治阶层密切合作，各尽其职；另一方面，绰号"政坛不死鸟"的纳瓦兹·谢里夫接任总理之职后，面对的是腐败严重、失业率高、电力短缺、经济困难的烂摊子，他很清楚广大选民选择他再度出山，就是希望他能在振兴经济方面有所作为。在这样的情况下，与军方搞好关系，保持国内政治稳定就显得尤为重要。用分析人士的话说，纳瓦兹·谢里夫汲取了过去与穆沙拉夫等高级将领搞砸关系的教训，"真正让军队做自己该做的事情，那就是保卫国家，为经济改革营造更为稳妥的环境"。

从当前形势看，巴陆军参谋长拉赫利·谢里夫本来就是总理纳瓦兹·谢里夫亲自选中的"代言人"，两者关系自然是没有问题的。同时按照总理的意愿，拉赫利要把陆军主要精力投放到打击巴塔恐怖活动方面，但这种打击又必

巴基斯坦军队围剿塔利班

须"掌握分寸",即打疼巴塔,促其内部发生分裂,促使温和派与政府进行和谈。与此同时,巴基斯坦与印度的关系依然紧张,巴陆军对印度的防范不能放松。不过,政府无法拨出更多军费预算,军队需要在现有条件下"自力更生","少花钱,多办事"。

"反恐打黑"都是任务

拉赫利·谢里夫,1956年6月16日出生于巴基斯坦俾路支省的首府奎达,曾就读于拉合尔政府学院大学、巴基斯坦军事学院、德国慕尼黑国防大学、伊斯兰堡国防大学、加拿大陆军指挥与参谋学院和皇家国防研究学院,已婚并育有三个子女。

拉赫利生于军人世家,其父穆罕默德是一名退役少校,哥哥沙比尔少校在第三次印巴战争中殉国。从巴基斯坦军事学院毕业后,拉赫利于1976年10月进入某边防团服役。此后,拉赫利历任吉尔吉特步兵旅军官、巴基斯坦军事学

现代军事人物

院副官、步兵旅旅长等职务。在巴军高层担任要职以来，拉赫利将主要精力投入到军队条令和战略建设上，着手构建巴军未来的训练体系。

从 2007 年开始，拉赫利主持了一系列的军事改革项目，全力倡导反恐战争，将巴军的作战重点从仅针对传统对手印度转向兼顾境内的巴塔武装分子，并在成功说服巴军方接受这一转变中扮演了最关键的角色。有消息称，拉赫利的父亲穆罕默德与时任总理的纳瓦兹·谢里夫的父亲关系密切。还有消息称，目前担任内阁部长的退役上将阿卜杜尔·卡迪尔·巴洛克曾是拉赫利的上级。由于非常喜欢这位老部下，巴洛克便把他推荐给了总理。2013 年 11 月 26 日，纳瓦兹·谢里夫总理在办公室接见了拉赫利·谢里夫；11 月 27 日，谢里夫总理提名拉赫利出任陆军参谋长，成为巴军"一号将军"。

专家指出，巴基斯坦是一个多民族国家，主要民族有旁遮普族、信德族、普什图族和俾路支族，此外还有克什米尔人、布拉灰人、奇特拉尔人和古吉拉特人等人数较少的民族和部落，各民族之间的矛盾以及各民族与政府之间的矛盾此起彼伏，但巴基斯坦陆军却在强调纪律与忠诚的前提下，全都效忠于国家。拉赫利很清楚必须保持军队的荣誉感和使命感，在国势艰难之际勇为砥柱。据英国《简氏情报评论》报道，2014 年，拉赫利从 29 个防范印度的陆军师中抽出两个师（约 4.5 万人）进入普什图部落地区打击巴塔，"实际上，在巴基斯坦已拥有核武器的情况下，印度入侵的可能性很小"。

除了巴塔，巴陆军还会参与打击国内武装黑帮的行动。据报道，巴国内的武装黑帮经常替一些政党执行暗杀政敌、强迫选民投票等任务。这些认钱不认人的黑帮分子俨然成了一些政党的"党卫军"兼"雇佣军"。2012 年 4 月，巴陆军就曾出动千余名官兵突袭卡拉奇的勒亚力街区，剿灭当地帮派——"人民和平委员会"（PAC）。巴军原以为能在三天内完成任务，然而打了五天，PAC 依然存在，巴军特种部队也无能为力。最后，巴政府不得不与 PAC 妥协。这次围剿行动造成数百人伤亡，其中大部分是平民。

事实上，PAC 只是"政党雇佣军"现象的冰山一角。在许多黑帮头目看来，帮助政党拉选票，既能为自己的非法生意找到"保护伞"，还可以为自己向政界发展铺路，可谓一举两得。而在一些政党看来，与黑帮结盟不仅可以获得经济支持，而且可以在竞选中掌握"不对称优势"。从长远看，"地下政府"迟早要被铲除，而巴军奉命出动的可能性极高，届时拉赫利将是"急先锋"。

索哈尔·阿曼

从飞行教官成长为"复合型将领"

记巴基斯坦空军参谋长
索哈尔·阿曼上将

文 — 雷炎

2015 年 6 月初，巴基斯坦空军参谋长索哈尔·阿曼上将访问中国，除了会晤中国人民解放军高层将领，他还前往中国空军基层部队参观，接触了歼-10 战斗机等先进装备。

其实，阿曼上将领导的巴基斯坦空军在中国具有颇高的人气，他们大量装备了中巴两国联合研发的 JF-17 "雷电"（中国称 "枭龙"）轻型战斗机，还将该机送到 2015 年 6 月 15 日举行的巴黎布尔歇航展上进行飞行表演，以显示中巴之间的 "全天候友谊"。

屡经危机，处变不惊

阿曼出生于 1959 年，1980 年 11 月从巴基斯坦空军学院毕业，先后前往马斯鲁尔、萨果达、白沙瓦等空军基地服役，然后进入莱赫巴尔基地的第 1 教练机中队担任飞行教官。

由于国力有限，巴空军预算向一线作战部队倾斜，负责培训的教练机中队只能在硬件不足的条件下勉力维持。阿曼靠着过硬的飞行技能和忘我的工作热情，培养出一大批合格飞行员。英国《空中力量》杂志介绍，1975—2011 年，巴空军第 1 中队运用只有一代机水平的 FT-5 战斗教练机，培养出数以千计的飞行精英。有意思的是，2012 年，第 1 中队换装新式 K-8P 中级教练机（该机由中国研制）时，已走上高级指挥岗位的阿曼特意赶回老部队，以示祝贺。

20 世纪 90 年代，阿曼相继担任过巴空军战斗机中队指挥官、空军司令部训练计划部门主任、北方指挥总部指挥官、主管作战的空军副参谋长等职，其间还曾前往英国伦敦皇家学院受训。因此，他既有丰富的实践经验，又有良好的理论素养，是巴军中难得的 "复合型人才"。在阿曼的军旅生涯中，他对发生在 2001—2002 年和 2008 年的两次印巴军事对峙印象深刻。2001 年 12 月 13 日，印度议会遭到武装分子袭击，印度声称袭击者来自巴控克什米尔地区，并且暗示巴基斯坦三军情报局（ISI）是幕后主使。尽管巴方一再否认相关指控，并愿意与印方展开联合调查，但印度仍于 12 月 20 日发起代号为 "帕拉卡拉姆" 的大规模军事演习，约 50 万印军在印巴边界附近摆开阵势，印军米格-29 战斗机多次侵犯巴基斯坦领空。作为回应，巴军也出动约 30 万

巴基斯坦空军

军队部署到边境，以防不测。在接下去长达半年的对峙中，阿曼一直坐镇前方，调集空军 F-7P、F-16 战斗机部队和地空导弹部队，保卫拉合尔、斯卡都等战略要地，驱逐越境印机。2002 年 6 月 7 日，巴军在拉合尔附近击落印度无人机，阿曼等将领受到表彰。

2008 年 11 月，一群恐怖分子袭击印度孟买，印度又把矛头指向巴基斯坦，声称恐怖分子来自巴境内，如果巴方不取缔策划和组织袭击的恐怖组织，印军将考虑包括空袭在内的一切报复手段。12 月中旬，印度战斗机在两个地点侵入巴基斯坦领空。巴政府坚决回击相关指责，并下令本国空军于 12 月 22日起在伊斯兰堡、拉瓦尔品第、拉合尔等城市实施战斗巡逻（CAP），即空军战斗机带弹升空值勤，如遇外国飞机入侵，可立即采取拦截行动。当时，阿曼全程参与了巴空军向前进基地部署战机的过程，他还充分借助自动化警戒控制系统（AC&W），灵活调配战机、地空导弹、高炮等多种力量，实时监控印度空军的动向，并采取相应反制措施。结果，印军在"炫耀武力"差不多一周后终于偃旗息鼓。事后，美国媒体认为巴空军的高度警戒态势令印度无可奈何，

　　　　　　　　　　　　　　　　　　　　　　　现代军事人物

因为任何对巴基斯坦的"先发制人"打击，都将招致巴军的猛烈报复，况且印巴两国都拥有核武器，这种冲突升级将造成灾难性后果。

两条战线，任重道远

2015年3月19日，阿曼接替布特，出任巴基斯坦空军参谋长。仅仅四天后，阿曼就作为阅兵总指挥，主持了盛大的国庆阅兵式，这也是七年来巴基斯坦首次举行阅兵式。阅兵式当天，巴空军出动了F-16、JF-17、幻影5等主力战机，一些战斗机以高难度的机动动作掠过阅兵现场，引来不少民众驻足观看。路透社称："自信的巴基斯坦通过华丽阅兵展示自己的实力，而空军正是这次展示的重点。"

外界认为，巴基斯坦面临两条战线的严峻考验，一是抗衡有领土纠纷的印度，二是镇压国内极端组织。英国《简氏防务周刊》报道，巴空军不仅要负责繁重的国土防空任务，还要支援陆军在西北部联邦部落直辖区（FATA）打击塔利班、"哈卡尼网络"等极端组织的行动。阿曼上任后，已调动了四个战斗机中队参战，其中不乏装备F-16战斗机的一线中队。为了提高打击效率，阿曼推动基层部队更多运用信息化电子侦察器材，强化陆空联合作战，他多次表示："情报监视侦察能力是巴基斯坦空军与陆军联合行动的关键，那种依靠四位数经纬度和人工情报作战的模式已经一去不复返了。"

如今，巴空军的作战水平已有了显著提高。阿曼表示，当巴空军在2008年参加反恐行动时，战机飞行员只能进行昼间攻击，但随着训练改革以及更多精密情报监视设备服役（如美国提供的"狙击手"侦察瞄准吊舱），巴空军实现了夜间目标精确定位和打击能力，目前侦察瞄准吊舱和激光制导炸弹已成为巴空军主力战斗机的标准配置。

不过，巴基斯坦终究是个发展中国家，像空军现役战斗机中，大部分是服役超过20年的"老兵"（如法制幻影III、幻影5等战斗机），部队全面更新装备尚需时日。美国《战略之页》称，与巴空军的"苦日子"相比，印度空军的日子相对好过得多，印度有更多的经费用于购买新战机，甚至参与俄罗斯的隐形战斗机开发项目。很显然，阿曼麾下的巴基斯坦空军仍需要"卧薪尝胆，攻坚克难"，才能保证国家安全。

拉吉哈

"阿萨德铠甲"统领突遭飞来横祸

记叙利亚前国防部长
达乌德·拉吉哈

文
—
萧
萧

从 2011 年爆发的叙利亚内战，令总统巴沙尔·阿萨德承受了巨大的压力，特别是 2012 年 7 月 18 日发生在叙利亚国家安全总部的爆炸，一度令其"军事头脑"几乎全军覆没，在那起自杀袭击中，叙利亚国防部长达乌德·阿布达拉赫·拉吉哈丧生。当时，美国政府官员曾幸灾乐祸地表示，发生在叙利亚现政权心脏的袭击表明巴沙尔当局的日子已屈指可数，并称"仍支持巴沙尔的人应反省"。但巴沙尔很快就在电视中强硬表示，叙利亚正面临挑战，"总统不能做逃兵"。

安全例会遭遇"肉弹"

2012 年 7 月 18 日上午，位于大马士革市中心的叙利亚国家安全总部大楼突然传出一声巨响，正在举行安全部门首脑联席会议的会场变成了血肉横飞的"修罗场"。据叙利亚阿拉伯通讯社报道，与会的国防部长拉吉哈及其副手阿斯夫·肖卡特当场身亡，另有多名高官受重伤。英国 BBC 则声称，叙利亚国家安全总部是巴沙尔政权的一大象征，那里的安全措施非常严密，此次爆炸对巴沙尔政府官员产生了极大的"心理杀伤力"。有消息称，制造袭击的是一名暗中投靠"叙利亚自由军"（FSA）的中级军官，他把伪装成腰带的炸弹带进会场，导致大量高官伤亡。

据卡塔尔半岛电视台宣称，自从叙利亚发生内乱以来，该国强力部门形成每天例行的联席会晤制度，"每天早上 8 时至 9 时，情报部门、安全和军事部门的首长要召开一场会议，回顾上一天在叙利亚全国发生的事件，制定下一步要发布的命令，中午前后，这些命令会送达总统办公室，巴沙尔会亲自签署所有命令。而到了晚上 19 时许，情报和安全部门首长则对当天实施的安全措施进行回顾与检讨"，而拉吉哈就是在早上的例会中送命的。

按照半岛台的说法，拉吉哈是叙利亚军事行动的实际指挥者，被西方称为"巴沙尔总统强硬手段的执行者"，特别是他所指挥的政府军习惯用重炮轰击 FSA 的据点，令其无力还手，因此 FSA 早欲除之而后快。

为了应对军事首脑"突然死亡"，叙利亚总统巴沙尔已任命法赫德·贾西姆·弗拉杰为新的国防部长，同时把联席会议的举办地转移到坐落于大马士革东北部卡西翁山上的总统官邸，那里是巴沙尔与家人、军方高官和情报部门

叙利亚武装部队举行实弹演习

负责人集中居住的区域，拥有完备的防御体系和四通八达的地下设施群。为消除拉吉哈之死带来的消极影响，叙利亚电视台在其死后一段时间内不断强调，当前叙利亚人民和军队的士气都处于最高时期，恐怖分子低估了叙利亚民众、军队和国家的能力。叙利亚军方也发表声明，指责该事件是境外势力资助下的犯罪行为升级的写照，军方已下定决心惩治这样的犯罪和杀戮行为。

曾经浴血戈兰高地

1947年，拉吉哈出生于大马士革的东正教家庭。1967年，拉吉哈毕业于霍姆斯军事学院炮兵科，由于当时叙利亚刚刚在与以色列的战争中惨败，并失去了固有领土戈兰高地，叙利亚政府把重建军队作为工作重点。由于拉吉哈表现出关心军事战术而不大关心政治的态度，他在这一时期得到超乎寻常的提拔，一路晋升到中校。

与许多叙利亚老军人仅把军队看作职位升迁的途径而非神圣的职业不同，

拉吉哈信奉"领导力是行动,并非位置"的格言。1973 年 10 月 6 日,叙军打响收复戈兰高地的战役,作为炮兵旅长的拉吉哈亲临前线,直接站在以军的反坦克壕前引导后方炮群向敌人纵深开火,为叙军坦克群突击创造条件。尽管此战仍以叙军失败告终,但拉吉哈的英勇表现得到所有人的赞赏。此后,拉吉哈得到进一步重用,还当上老阿萨德总统非常看重的特种部队总司令,该部队是驻扎在大马士革的近卫军,有"阿萨德铠甲"之称。

2009 年,拉吉哈坐上陆军参谋长的位子;2011 年 8 月 8 日,前任国防部长阿里·哈比比·马哈茂德因在镇压反对派武装过程中处置不力,被巴沙尔总统临阵换帅,拉吉哈被任命为防长。据当地媒体透露,拉吉哈雷厉风行,在霍姆斯、拉斯坦、哈马等 FSA 活动猖獗的区域,他亲自指挥第 4 装甲师等精锐部队进行清剿,政府军的进攻手段一般都是先炮击,然后进行装甲突击或步兵进攻,辅以民兵及狙击手的渗透。由于 FSA 成员的军事素养较差,政府军的炮击往往会令其心理崩溃。

正因为拉吉哈厉行剿灭的措施,令其成为敌人痛恨的对象。2012 年 5 月 19 日,曾有消息称拉吉哈在出席高官会议时遭毒气攻击身亡,但他很快就在电视上露面,谣言不攻自破。同年 7 月 18 日,大马士革国家安全总部发生爆炸事件,这一次他没能逃脱噩运。

不过,拉吉哈之死没能动摇巴沙尔的抵抗意志。更重要的是,巴沙尔政权得到俄罗斯、伊朗和黎巴嫩真主党的大力支援,因此他不可能像利比亚领导卡扎菲那样,被反对派轻易地赶下台。

费拉杰

"末日之神"向极端组织发起总攻

记叙利亚国防部长
法赫德·费拉杰

文 — 张晓红

据叙利亚国家电视台报道，2015 年 12 月上旬，在俄空天军支援下，叙利亚政府军在北部阿勒颇省、伊德利卜省连续取得重大胜利，一些被极端组织"伊斯兰国"（IS）和反对派武装占据多年的重要城镇获得解放。叙国防部长兼武装部队副总司令法赫德·费拉杰在电视台发表讲话，称叙政府军已做好消灭敌人的准备，"我们将向世界证明，这是一支训练有素的强大军队，它不会被凶残的敌人打败。我希望真正的叙利亚爱国者能和人民的军队站在一起，共同消灭恐怖分子"。

砍掉"所有敌人的手"

费拉杰 1950 年 1 月出生在叙利亚的一个富商家庭，对掌握国家政权的阿萨德家族（属于什叶派）来说是"不应该得到信任的外人"。但实际上，自加入叙利亚军队以来，费拉杰就表现出对现政权的无比忠诚，即便在 2011 年叙利亚内战爆发后，他也坚定地站在巴沙尔·阿萨德总统一边。

1968 年参军后，有着丰富知识的费拉杰被上司认为是"有希望的将军苗子"，很快被送到号称"叙利亚西点"的霍姆斯军事学院深造。1971 年，费拉杰以优异成绩从学院装甲兵系毕业，以中尉军衔进入第 1 装甲师服役，该师是叙军的精锐部队之一，训练要求非常严格。刚刚毕业的费拉杰恰好锐气十足，无论是在 40 摄氏度高温下驾驶苏制 T－62 坦克，还是指挥步坦协同训练都做得有声有色。在 1973 年爆发的第四次中东战争期间，叙军第 1 装甲师奉命向以军阵地突进，尽管后来功败垂成，但他们依然是叙军中突入以军纵深最远的部队，费拉杰在其中的表现令所有人刮目相看。

尽管费拉杰表现出色，但他的逊尼派出身一度让上司很不放心，因此职务晋升较为缓慢。经过长时间考察，特别是在 1982 年黎巴嫩战争和 1983 年反击美法军事干预的作战中，费拉杰以优异战绩赢得信任，老阿萨德总统亲自将一枚勋章挂到他的胸前。

2011 年叙利亚局势恶化后，费拉杰率军与逊尼派反政府军作战，一名反政府军人员回忆："与许多逊尼派政府军士兵'出工不出力'不同，费拉杰打得很凶，对我们来说，他就像'末日之神'。"同年 8 月，巴沙尔总统将费拉杰提拔为副总参谋长，将其吸收进叙利亚的政治核心圈，费拉杰从"不受信任的

叙利亚总统巴沙尔（左）和费拉杰

外人"变成"最受信任的外人"。

2012 年 7 月 18 日，一名袭击者在大马士革国家安全总部制造爆炸事件，时任叙国防部长拉吉哈被炸身亡。数小时后，巴沙尔总统宣布费拉杰接任国防部长兼军队副总司令。第二天，身着迷彩作战服的费拉杰出现在国家电视台，他发誓要砍掉"所有敌人的手"。

危机中苦苦支撑

新官上任的费拉杰一出手就表现出铁血的一面。为尽快消灭首都大马士革附近的反政府军，他从戈兰高地调回四个精锐师，并通过国家电视台向反政府军发出最后通牒："如果你们在 48 小时内不撤离大马士革，政府军将毫不客气地歼灭你们！"

在费拉杰指挥下，政府军一改之前的颓势，集中兵力收复被反政府军控制的大马士革米丹区。大马士革的局势稳定后，费拉杰又率军援救遭到围攻的北部重镇阿勒颇。据称，当时与邻国交界的海关关口一度被反政府军占领，而不远处却有政府军坦克团的 30 辆装甲车迟迟没有反应。费拉杰急令将该团团长"就地正法"，新任团长只用了一个小时就夺回海关控制权。

然而让费拉杰没想到的是，反政府军在外部势力的支持下韧性十足，双方很快陷入僵持。此时，极端组织"伊斯兰国"（IS）又趁虚而入，叙利亚遂成为多方混战的战场，实力不足的叙利亚国防军不得不苦撑危局。

"我们注意到，自 2013 年以后，费拉杰就很少露面了，"一名黎巴嫩国际问题研究中心学者对英国《卫报》记者说，"这反映出他在新危机面前拿不出什么太好的办法来了，不过巴沙尔并未做出撤换国防部长的决定，这说明他们之间还是有信任度的。"

有媒体分析称，费拉杰在遭受反政府军和极端组织夹击后陷入沉寂，很明显是在积聚力量。"就当时各方力量对比而言，（叙）政府军不足以同时击退反政府军和极端组织进攻，"伊朗《德黑兰时报》称，"坚守待援、积聚力量是费拉杰最明智的选择。"据悉，不久前俄罗斯已向叙利亚提供数十架苏-24 和苏-25 战机，《德黑兰时报》称："我们相信，费拉杰手中已经掌握足够展开反攻的武器装备。"

政府军全线出击

事实证明，费拉杰奉行的"以守待变"策略是正确的。在伊朗、黎巴嫩真主党乃至俄罗斯等盟友出兵前，叙政府军逐步收缩防线，将兵力集中起来。费拉杰就公开承认，叙政府军放弃了一些偏远且不太重要的据点，例如靠近土耳其的塔夫·塔纳兹基地，那里停放着需要维修的直升机，守备部队也都是技术人员而非特种兵，故在遭受 IS 围攻约一个月后，军方将有用设备和人员转移后予以放弃。当然，这些主动放弃的举措，在反对派的宣传中都变成"政府军屡战屡败"的证据。

当 2015 年 9 月 30 日俄空天军展开反恐空袭后，费拉杰迅速下令叙政府军全线出击，收复失地。据统计，在俄军掩护下，叙政府军在大马士革、霍姆斯、拉塔基亚、哈马、阿勒颇、伊德利卜等六个地区同时作战。费拉杰宣布，从大马士革通往阿勒颇的战略通道已重新开放，"这是连接阿勒颇城的唯一陆上补给通道，战略地位非常重要"。

　　"总体来看，俄军空袭后，叙政府军在地面战场上取得显著进展，"叙利亚军事专家穆恩斯评论说，"这是叙政府军首次在超过三个战线上同时与敌人作战。"他同时提醒费拉杰，面对政府军的攻势，无论反政府军还是 IS 都已转变策略，他们正化整为零，与政府军进行拉锯战，"对手希望不断开辟新的战场，分散俄军与叙政府军的注意力，减轻自己在正面战场上的压力"。

伊朗国防部长达赫甘

文
—
东
方
胜

维护地区联盟，"硬对"外部威胁

记伊朗国防部长
侯赛因·达赫甘准将

　　2015 年 1 月 18 日，以色列国防军突袭戈兰高地的叙利亚控制区，造成六名黎巴嫩真主党成员和一名伊朗革命卫队将军死亡。作为报复，1 月 28 日，真主党在黎以边境袭击以军巡逻车，造成九名以军士兵死伤。以色列政府发言人则指责伊朗是袭击主谋。有分析称，伊朗已深度介入叙利亚内战和叙以、黎以争端，向叙利亚阿萨德政府和黎巴嫩提供军援的工作由国防部长侯赛因·达赫甘准将具体负责。

多次经历实战洗礼

1957 年，达赫甘出生在伊斯法罕省德哈坎县普德赫村。1979 年，达赫甘从德黑兰大学毕业，随后加入新成立的革命卫队。由于在部队表现突出，1980年，达赫甘被破格提拔为革命卫队驻德黑兰部队司令，与穆赫辛·雷扎伊（时任"系统确定国家利益委员会"秘书）、拉希姆·萨法维（时任哈梅内伊的军事顾问）、阿里·沙姆哈尼（时任国家安全委员会秘书）等重要人物共同确定了伊朗在两伊战争中的总战略。

1982—1983 年，达赫甘先后担任伊朗革命卫队所属伊斯法罕部队、驻叙利亚和黎巴嫩部队司令。在此期间，他还亲率一批精干军官远赴黎巴嫩，配合驻黎巴嫩贝卡谷地的叙利亚军队抗击以色列大军。1983 年，达赫甘又协助黎巴嫩真主党，先后实施针对贝鲁特美国兵营和法国兵营的袭击行动，最终导致西方国家纷纷从黎巴嫩撤军。1985 年黎巴嫩南部战端突起，达赫甘再次亲临前线，指挥真主党武装击败了以色列军队和"南黎巴嫩军"的联合围剿。这些辉煌战绩使达赫甘成为伊朗军界的耀眼新星。

需要强调的是，尽管伊朗革命卫队总兵力超过 20 万人，但该部队的最高军衔仅为少将，达赫甘虽然在两伊战争和援外军事行动中表现出色，但直到1990 年 4 月出任革命卫队空军司令时才被晋升为准将。1992 年，达赫甘担任革命卫队联合参谋部副参谋长，1996 年担任革命卫队合作基金总经理，1997年出任国防部副部长，2003 年代理国防部长，2004 年离任。

积极贯彻强军战略

2005 年，前革命卫队军官内贾德当选伊朗总统，他的老战友们纷纷走到前台，成为国家的"掌舵人"，其中达赫甘就被安排担任革命烈士基金会主席兼总统最高安全顾问。2009 年 7 月—2010 年 3 月，达赫甘担任武装部队战略研究中心沙姆哈尼的助手。2010 年 3 月—2013 年 8 月，达赫甘转任"系统确定国家利益委员会"（该机构是最高领袖的顾问，实际权力非常大）秘书，兼任议会发言人拉里贾尼和德黑兰市长卡利巴夫的顾问。不论作为内贾德的防务顾问，还是军方思想库成员，达赫甘一直都在为内贾德分忧，为内贾德的防务

伊朗革命卫队军事演习

政策争取支持。

　　值得一提的是，尽管达赫甘与内贾德关系不错，但这不影响达赫甘与伊朗其他政治人物保持合作关系。2013年，代表温和派的鲁哈尼当选伊朗总统，他出人意料地选择属于强硬派阵营的达赫甘出任国防部长；同年8月15日，伊朗议会以269票对10票的结果，批准了这项任命。上任后，达赫甘安排前革命卫队副司令罗斯坦·卡西米担任自己的顾问。

　　据伊朗法尔斯通讯社报道，达赫甘担任国防部长后积极贯彻总统鲁哈尼提出的"军事自足"战略，号召年轻军官投身军事科学研究，提升国产武器质量并改善部队结构。另外，达赫甘还经常出席国产新武器的发布会，代表伊朗政府展现强硬立场。例如，2013年9月，达赫甘高调宣布国产"目击者-129"和"亚西尔"无人侦察机投产。2013年11月9日，达赫甘透露国产"赛义德-2"地空导弹能有效打击直升机、无人机等空中目标。仅仅九天后，达赫甘再次露面，高度评价国产"弗特罗斯"无人机，称其可携带导弹执行对地攻击任务，作战范围可覆盖包括以色列在内的中东大部分地区，进一步提升伊朗的对外威慑能力。

合纵连横避免孤立

在中东政治格局中，由于与美国、以色列、逊尼派阿拉伯君主国存在着结构性矛盾，伊朗几乎处于"被包围"状态。虽然实力相差悬殊，但伊朗却并不服软，一再表示有能力应对任何"危险局面"。2014年12月，达赫甘在接受伊朗法尔斯通讯社采访时表示，伊朗已做好准备反击任何军事威胁，有能力保卫国家安全，给任何侵略者以致命性打击。

有分析称，伊朗要想保证国家安全，仅仅严守本国边境是不行的，还要尽力团结地区盟友，避免被彻底孤立，因此支援同属什叶派阵营的"兄弟"势在必行。尽管2007年3月联合国通过了第1747号决议，禁止伊朗出口武器，但伊朗仍然通过军援等方式向叙利亚阿萨德政府、伊拉克什叶派政府、黎巴嫩等友好国家输出军事装备。特别是2011年叙利亚爆发内战后，伊朗公开表示支持阿萨德政府打击叛乱势力。而为了稳定阿萨德政府的后方，伊朗还积极向黎巴嫩政府施加影响，防止该国成为美国和逊尼派阿拉伯国家颠覆阿萨德政府的"大本营"。

2014年10月20日，达赫甘接待来访的黎巴嫩国防部长莫科贝尔，表示将派员赴黎巴嫩训练黎巴嫩陆军，并提供部分防御性武器，提升黎军打击国内宗教极端分子的能力。对此，以色列、美国和逊尼派阿拉伯国家颇为担忧。以色列《国土报》称，黎巴嫩政府军深受真主党的影响，军队中的大多数官兵属于什叶派，伊朗援助黎政府军的武器很可能落入真主党之手。

菲罗扎巴迪

文
—
谭正平

熟谙"国际嘴仗"的"战斗英雄"

记伊朗总参谋长
哈桑·菲罗扎巴迪少将

　　随着国际制裁逐步解除，伊朗日益成为中东地缘政治舞台上不容忽视的"主角"。据俄罗斯卫星网报道，2016 年 2 月，土耳其和沙特纷纷暗示要派兵介入叙利亚冲突，力挺叙利亚政权的伊朗立即向土沙两国发出警告。伊朗武装力量总参谋长哈桑·菲罗扎巴迪少将称，叙利亚的主权和领土完整不容侵犯，目前叙政府进行的是打击恐怖分子的"正义战争"，别国无权干涉。与此同时，为了向对手显示实力，菲罗扎巴迪还向外界透露，伊朗军队现代化建设已进入"收获期"，更加强大的伊朗军队将令"所有敌人"感到恐慌。

相互指责　各不相让

据报道，得到俄罗斯、伊朗支持的叙利亚政府军逐步在该国北部战场取得优势，反对派武装的地盘越来越小，尤其连接土耳其的补给通道在叙军进攻下岌岌可危，一旦丢失，反对派将落入败局。为了阻止叙政府军获胜，暗中支持反对派的土耳其和沙特商议公开出兵事宜，至于出兵的理由则是对付叙境内的极端组织"伊斯兰国"（IS）。面对土沙的军事动向，伊朗保持高度警惕，伊朗外交部发言人安萨里反复强调，外国未获叙利亚政府同意或联合国授权派兵入境，就是侵略行径。2016年2月8日，菲罗扎巴迪接受本国法尔斯通讯社采访时称："土耳其和沙特不应该派部队进入叙利亚，那只会增加流血冲突，现在有关国家更应该做的是设法重建叙利亚和平和秩序。"

有意思的是，土耳其和沙特媒体却一齐指责伊朗早就深度介入叙利亚冲突，"德黑兰没有资格教训别人"。土耳其《曙光报》等媒体曾报道，早在2012年3月，一架飞往叙利亚城市阿勒颇的伊朗飞机因故在土耳其东南部进行"技术性降落"，土耳其海关官员在飞机上发现被登记为"汽车零件"的物品其实是突击步枪、机枪以及迫击炮。之后几年里，土耳其不断曝出截获伊朗援助叙利亚武器的新闻。据沙特媒体披露，目前在大马士革，有一座叙利亚和伊朗的联合指挥中心，伊朗革命卫队最精锐的圣城旅承担了重要的情报、监视、侦察等任务，协助叙军打击反对派和极端组织。美国《连线》杂志也提到，叙政府军在哈马、霍姆斯等地广泛使用伊朗提供的"迁徙者-4"无人机，搜索定位反叛武装的位置，以便让闻讯赶来的叙军部队消灭这些反叛武装。

针对这些攻击，伊朗显得非常泰然，该国报纸《伊朗媒体》主编伊玛德·阿布舍纳斯认为本国武装人员是被叙利亚合法政府邀请过去的，况且他们的打击对象是"恐怖分子"，任务是"避免宗教圣地不受玷污"，其行为完全符合国际法。阿布舍纳斯进一步表示，菲罗扎巴迪领导的伊朗军队是中东数一数二的精锐之师，他们拥有丰富的作战经验，加之外部压力比过去显著降低，伊朗军队有足够力量去帮助叙利亚盟友，震慑那些"蠢蠢欲动的对手"。

出身兽医 立过战功

1951 年 2 月 3 日，菲罗扎巴迪出生于伊朗东北部城市马什哈德。从小学到大学，他都是在家乡念书，其中在马什哈德大学主修的是兽医专业，1973 年毕业后，他就留在马什哈德从事兽医工作，还曾著书立说，为家乡畜牧业做出了较大贡献。

1979 年伊朗国内发生巨变，充满"改变世界"豪情的菲罗扎巴迪放弃兽医工作，参加到霍梅尼领导的伊斯兰革命运动中。1981 年，菲罗扎巴迪响应精神领袖霍梅尼的号召，参加革命卫队，抵抗伊拉克的军事入侵，捍卫新生的伊斯兰共和国。入伍后，他只经过短暂的训练就被派到胡齐斯坦省前线，在遍布湖泊沼泽的阿拉伯河-卡伦河流域，菲罗扎巴迪多次率领摩托车小分队奇袭伊拉克军队，有一次，他们居然捣毁了伊拉克共和国卫队师的前沿指挥所，菲罗扎巴迪亲手抓获一名伊拉克军队上校并送到后方，这一壮举被举国传颂，霍梅尼亲切接见了这位战斗英雄。1989 年，菲罗扎巴迪出任革命卫队副参谋长，后被总统拉夫桑贾尼任命为革命卫队所属哈塔姆·安比亚工程公司副总裁，成为"一手拿枪，一手拿锹"的"特殊战士"。

2012 年，菲罗扎巴迪出任伊朗武装力量总参谋长，成为伊朗武装力量系统内权力最高的军人，在整个伊朗武装力量指挥链中仅次于当时的精神领袖哈梅内伊。在西方眼里，菲罗扎巴迪是伊朗保守派的代表人物，深得哈梅内伊赏识，也是后者最亲密、最忠实的追随者。2012 年 5 月，菲罗扎巴迪在德黑兰发表演讲，表示"伊朗的目标就是将以色列从地球上抹掉"，以色列政府多次引用他的话作为证据，呼吁西方国家反对伊朗研发核武器，保护以色列安全。

力挺战友 警告对手

2012 年以后，伊朗相继卷入中东多场地区冲突：在叙利亚，伊朗军事顾问帮助巴沙尔政府制定作战计划，平息国内叛乱；在伊拉克，伊朗派出军官协助伊拉克安全部队打击 IS，还出动战机轰炸 IS 阵地；在也门，伊朗坚决反对沙特等国干涉也门内战，声援遭受沙特打击的胡塞组织。据英国《阿拉伯圣城报》披露，菲罗扎巴迪为伊朗圣城旅在叙利亚、伊拉克等国的"秘密行动"提供全力支持。2015 年 11 月，叙反对派武装宣称在阿勒颇炸毁圣城旅旅长苏莱曼尼的座驾，苏莱曼尼受重伤而死，随后菲罗扎巴迪公开出面辟谣，表示"别想暗杀苏莱曼尼将军，伊朗和叙利亚政府有足够严密的安全措施保护他"，而苏莱曼尼也很快出面回应，"我倒真希望自己的归宿是烈士"。

菲罗扎巴迪还利用自己的特殊身份，积极向外传递信息，占领舆论制高点。2015 年底，美国国防部长卡特呼吁海湾阿拉伯国家加快采购美国先进武器，以联合抵抗"伊朗威胁"。作为回应，菲罗扎巴迪在接受本国电视台采访时称："卡特的言论是荒谬的，伊朗并非与所有邻国都有冲突，我们与多数海湾国家保持良好的外交关系，海湾地区国家可以自行解决分歧。倒是一再挑起事端的美国才是地区安全的威胁，请看阿富汗、伊拉克、叙利亚、也门乃至利比亚，只要美国插手的地方，那里都充满了灾难。"

　　　　　　　　　　　　　　　　　　　　现代军事人物

奥贝迪

文——蜀中朔

盟友暗斗让"反恐功臣"左右为难

记伊拉克国防部长

哈立德·亚辛·阿尔·奥贝迪

随着也门内战升温，外界对伊拉克反恐战争的关注度有所下降。据外媒报道，继收复萨拉赫丁省首府提克里特之后，伊拉克安全部队正计划向北部重镇摩苏尔推进。不过，由于伊拉克这轮反恐攻势得到伊朗的大力支持，美国和海湾阿拉伯国家难免心存芥蒂，甚至影响到援助力度。

这种微妙的变化让伊拉克国防部长哈立德·亚辛·阿尔·奥贝迪有些为难，要知道他坐上这个位子，也是各方势力博弈的结果，而他要想在反恐战场上有所建树，同样离不开外部势力的认可和支持。

"结硬寨，打呆仗"

在 2015 年 3 月开始的春季反恐行动中，不仅伊拉克安全部队投入两万精锐部队和大批重武器，什叶派民兵也派出大批兵力。伊拉克总理阿巴迪一度自任总司令，表达誓死一战的决心，后来他把指挥职权交给国防部长奥贝迪，嘱咐他要稳扎稳打，逐步压缩极端组织的控制区，以便最终聚而歼之。

奥贝迪接过指挥权后，确实贯彻了"结硬寨，打呆仗"的策略，尽管伊军具备兵力和火力优势，但奥贝迪并不冒进，主力部队沿着底格里斯河持续北上，每天推进不超过 50 千米（这是伊军后勤部队的进军速度）。有媒体报道称，伊军只要在路上碰到简易爆炸物就会停滞不前，嘲笑伊军"畏敌如虎"，但奥贝迪不为所动，依然奉行保守的作战原则。奥贝迪的做法也得到了伊朗军事顾问的支持，毕竟伊军在 2014 年刚遭受过重创，许多被俘士兵被屠杀，任何小的挫折都可能动摇军心。

3 月的最后一周，奥贝迪亲临提克里特前线，指挥政府军、什叶派民兵和逊尼派部落武装展开围攻。为了振奋士气，他特批使用刚从俄罗斯买来的 TOS-1 式重型喷火系统猛轰开道。经过多天奋战，至 4 月 1 日，奥贝迪对外宣布提克里特市区已全部收复，他还亲自在该城废墟上插上国旗。这是伊拉克打击极端组织"伊斯兰国"（IS）取得的最大军事成果，巴格达报纸也将奥贝迪称颂为"国家英雄"。

相互对立的盟友

需要指出的是，奥贝迪所领导的伊拉克军队除了要与 IS 奋战，还得应付来自盟友之间的"明争暗斗"。尽管奥贝迪多次出面否认有外国军人直接参战，但西方媒体普遍认为，伊朗革命卫队顾问团和伊朗援助的军火是伊拉克政府军取胜的关键。可能也正因为如此，美国一反常态地选择冷静观战，甚至故意拖延向伊拉克政府提供军援，仅向以库尔德武装为主导的北部战场提供空中支援。据美国《战略之页》报道，伊拉克国防部急于让空军参与打击 IS 的行动，并为此向与美国订购了 36 架 F-16IQ 战斗机，但这些战机迟迟不能回国参战，一大原因居然是美国害怕伊朗接触这些先进战机。

更有甚者，对稳定伊拉克财政起重要作用的海湾阿拉伯国家也集体向阿巴迪政府施压，要求其在反恐行动中与伊朗保持"一定距离"。

事实上，别看伊拉克政府军拥有大量重武器，但无论军队的训练素质还是忠诚度都远不如巴德尔旅等什叶派军事组织，正如沙特《中东报》所言，奥贝迪虽然身为逊尼派，但基于现实力量对比，他只能依赖伊朗和国内什叶派把反恐战争打到底。有分析人士指出，对伊拉克的什叶派军事组织而言，攻占提克里特有着特别的精神意义——那里是伊拉克前总统萨达姆的故乡，萨达姆执政时期曾严厉镇压什叶派，如今什叶派武装打到萨达姆老家也算一雪前耻。更有意思的是，提克里特之战是伊朗军事顾问协助策划和实施的，奥贝迪需要这样的智囊团队，因此只要 IS 一日不除，伊拉克与伊朗的密切合作就不会停止。

从机械师到防长

奥贝迪出生在摩苏尔的逊尼派富商家庭，1977 年（一说 1978 年）从高等职业学校毕业，后来在家族的资助下进入南斯拉夫贝尔格莱德大学工程技术专业学习。1984 年回国后，奥贝迪本想加盟一家民航公司，可因为两伊战争打得如火如荼，时任总统的萨达姆急需各类专业人才，于是强征国内青年参军，奥贝迪在摩苏尔当地征兵官员的强迫下，无奈地进入伊拉克空军服役，在 H-3 基地从事飞机发动机的维修和保养工作。值得一提的是，在萨达姆统治时期，伊拉克空军始终得不到总统的信任，指挥官经常因为一些小事被送上军事法庭，在这种氛围下，奥贝迪养成了谨言慎行的习惯。

2003 年，美国出兵入侵伊拉克，萨达姆政权倒台，没了军职的奥贝迪回到故乡摩苏尔，在当地的高等技术学院担任讲师。他本想在三尺讲坛上找到归宿，奈何伊国内宗派斗争愈演愈烈，为了对抗南方的什叶派政治团体，逊尼派急于推出"有分量"的政治代言人，于是有过从军经历，并受过正规高等教育的奥贝迪无疑是合适的人选，于是在家族、部落反复"劝进"下，奥贝迪2010年当选国民议会议员。

2014年夏，IS入侵伊拉克，大片国土沦陷，奥贝迪的家乡摩苏尔也未能幸免。2014年8月，新任总理阿巴迪承诺组建具有广泛政治基础的新政府。经多方协商，逊尼派的奥贝迪被任命为国防部长，控制政府军；什叶派的穆罕默德·哈班则掌控警察部队。伊拉克的两支主要武装力量被交给两个政治集团把控。万幸的是，目前看来，奥贝迪与哈班的合作尚算顺利，政府军与警察部队能在反恐领域并肩战斗，类似2014年那样军队与警察"袖手旁观，各自逃命"的现象少多了。

埃森科特

文 ｜ 雷炎

"城市战专家"奉行"残忍战略"

记以色列国防军总参谋长
加迪·埃森科特中将

当前，以"伊斯兰国"（IS）为代表的极端组织肆虐中东多地，连军力位居中东之冠的以色列都感受到威胁。据以色列《DEBKA情报周刊》报道，针对安全新变化，以军总参谋长埃森科特中将采取多项应对措施，其中最令人关注的是新组建多用途地面突击旅，专门用于和极端分子作战。

据悉，这位与真主党、哈马斯武装打过交道的老将熟谙"城市战"，甚至发展出颇为冷酷的"达齐亚战略"。该战略鼓吹为了歼灭躲藏在城市里的武装分子，以军不惜向民用设施开火。这一"残忍战略"受到以色列国内外和平组织的一致批评。

极端组织已成"主敌"

追求"绝对安全"的以色列向来重视敌情研究，自从2011年中东局势大乱，极端组织趁机坐大后，以色列便加速调整军事部署，防患于未然。早在2012年8月6日，就发生过IS分支"耶路撒冷支持者"组织（ABM）夺取埃及北西奈省的军事据点，一些激进分子驾驶从埃军手里缴获的AIFV步兵战车，从埃及凯雷姆沙洛姆口岸闯入以色列境内，试图攻击一处以军基地的事件，当时幸亏以军战机紧急升空，才消灭这些袭击者。此事引起时任以色列国家安全研究所负责人埃森科特的高度关注，他发现当初以色列与埃及缔结的《戴维营协议》存在漏洞，由于以方片面要求埃方限制在西奈半岛的驻军，结果使得埃方对那里的统治极为脆弱，许多武器走私集团乃至极端组织称王称霸，到头来还是威胁到以色列自身的安全。

鉴于极端组织已从埃及、黎巴嫩、叙利亚等多方向对以色列构成安全威胁，埃森科特多次呼吁以色列政府调整措施，默许或者暗中支持埃及塞西政府向西奈增兵，控制当地局势，同时完善以色列军事战略，做好相关斗争准备。2015年2月15日，埃森科特正式接替甘茨，出任第21任以军总参谋长，他更为积极地推动防务学术成果转化为部队的实际行动。据《DEBKA情报周刊》报道，埃森科特参与拟订的"达齐亚战略"已成为以军正式作战条令的一部分，该战略的核心就是动用强大的军事手段，阻止极端组织或恐怖分子利用民用设施（尤其是城市居民点）进行袭击活动，对其实施最大限度的遏制与"先发制人攻击"。

另据英国《简氏防务评论》报道，埃森科特已下令组建专门对付极端组织的突击旅，由他的老战友大卫·津尼担任旅长，受以军第 98 师领导。该旅具有远程投送能力，可在敌后执行秘密行动，埃森科特形容突击旅"将美国三角洲、海豹、游骑兵三大特战部队的优点集于一身"，是以色列打击极端组织的"核武器"。知情人士透露，新突击旅由四支精英部队组成，梅格兰营（Meglan）擅长使用智能装备，能在敌后实时获取情报；杜夫德万（Duvdevan）特种渗透营善于化装潜伏，能在极端组织老巢进行"定点清除"；埃格兹营（Egoz）和利蒙营（Rimon）则可以潜入敌方国家，在复杂环境下挫败恐怖分子的袭击企图。

从战火中走来

埃森科特所出身的家族为德裔阿什肯纳齐犹太人，20 世纪 30 年代受排犹运动影响，全家逃难到摩洛哥，1948 年移居到刚刚建国的以色列。1960 年 5 月 19 日，埃森科特出生于以色列海法，中学时期在埃拉特就读。中学毕业后，埃森科特应征入伍，被分配到北部军区第 36 装甲师戈兰尼旅，长年在叙以、黎以边境执行战斗任务。众所周知，戈兰尼旅是以军常备战斗旅之一，号称"特战之王"，经常与周边阿拉伯正规军和游击队交手，尤其熟悉城市作战，埃森科特就亲身经历过 1982 年黎巴嫩战争、南黎巴嫩"安全区"绥靖作战、镇压 1987 年巴勒斯坦大起义等行动，与对手在城市居民点厮杀搏斗，具有丰富的实战经验。

1997—1998 年，埃森科特以上校军衔出任戈兰尼旅旅长，1999 年调入以色列政府，出任总理巴拉克的军事顾问。正是依靠这位"黎巴嫩通"，巴拉克政府拟订了细致的南黎巴嫩"安全区"撤军计划，以最小代价扔掉了南黎巴嫩这个"军事包袱"。2005 年，埃森科特担任以军总参谋部作战局局长，成为以军军事行动的决策者。

2006 年，以军与黎巴嫩真主党发生冲突，按照埃森科特设计的作战预案，以军应通过空地联合打击，摧毁真主党作战力量。正是在埃森科特策划下，以军 F-16 战斗机空袭了黎巴嫩首都贝鲁特南郊的达齐亚区，将真主党指挥机关连同周围的居民楼一起炸毁，当世界舆论提出指责时，以军发言人的回答：

"我们在空袭前已向当地散发过警告传单。"这一敷衍性的回答，激起世界舆论的一片谴责之声。

此战由于负责指挥的以军北部军区司令尤迪·亚当少将指挥不力，以军在黎巴嫩陷入困境，连以色列本土都遭到真主党"火箭雨"的袭击，整个以色列北部陷入混乱。战后，亚当引咎辞职，埃森科特接任北部军区司令，军衔升为少将。埃森科特要求部队加强训练，使部队保持高度戒备状态，在其五年多的任期里，以色列与黎巴嫩、叙利亚接壤的地区再未出现大的安全问题。

由于在北部军区干得很出色，2011年，埃森科特被时任国防部长巴拉克提拔为国防军副总参谋长；同年7月，埃森科特被调到以色列国家安全研究所工作。正是在那里，他及其学术团队终于确定了"达齐亚战略"的主体框架和具体细节，该战略的主要思想就来源于2006年黎以战争的经验教训。尽管该战略的实施会对平民造成伤害，但埃森科特认为这是维护以色列国家安全的"必要之恶"。卡塔尔半岛电视台披露，就在2014年"防务之刃"行动中，以军便尝试过"达齐亚战略"，摧毁了加沙17%的农场，让当地30%的农田不能耕种，并且将加沙大片街区夷为平地，阻止其成为哈马斯袭击以色列的据点。一些人权组织曾指责"达齐亚战略""冷血而无效"，但埃森科特并不在意，他相信"敌人不会被枪炮打败，但会被更好的战略打败"。2015年初，埃森科特就任以军总参谋长，这也标志着"达齐亚战略"正式成为以军未来的行动准则。

　　　　　　　　　　　　　　　　　　现代军事人物

阿卜杜拉二世

文 — 雷炎

"铁腕君王"誓言端掉极端组织老窝

记约旦国王兼三军总司令
阿卜杜拉二世

2015 年 2 月，当坠机被俘的约旦飞行员卡萨斯贝被极端组织以火刑杀害的消息传出后，行伍出身的约旦国王兼三军最高统帅阿卜杜拉二世立即下令对 IS 展开"冷酷无情的军事报复"，约旦空军陡然加大了空袭叙利亚境内的 IS 控制区的力度，外界甚至传出国王要亲自驾机参战的消息。一时间，外界对这位"铁腕君王"充满了好奇。

被 IS 暴行激怒的国王

一位议员透露，飞行员卡萨斯贝被害的消息传来时，阿卜杜拉二世正在参加闭门会议，当时国王的表情变得异常愤怒。2 月 3 日，阿卜杜拉二世通过国家电视台发表一份声明，对卡萨斯贝遇害表达悲痛，他说："勇敢的飞行员为了国家和民族利益献出自己的宝贵生命，约旦政府将授予他烈士称号，我们将站在英雄烈士卡萨斯贝的家人一边。"之后，阿卜杜拉二世第一时间下令处决关在约旦监狱里的女恐怖分子里沙维和"基地"组织高级头目卡尔布利。紧接着，他又向美国提出获得更多武器援助的要求，称将竭尽全力为死去的无辜者和国家英雄报仇。2 月 4 日，美方宣布把对约旦的年度援助提高至 10 亿美元，美国国防部也承诺向约旦提供一笔额外援助。

由于阿卜杜拉二世态度强硬，媒体甚至传出他将"御驾亲征"的消息。美国《时代》周刊称，IS 选择阿卜杜拉二世访问美国期间播出杀害卡萨斯贝的视频，应该是想让约旦退出美国主导的反恐联盟。之前，为了挽救被 IS 俘获的飞行员的生命，约旦暂停了对 IS 的空袭，但极端组织的暴行最终激起了约旦人民和阿卜杜拉二世的怒火。

伦敦国王学院学者称，烧死约旦飞行员卡萨斯贝是 IS 近年来发布的最恐怖、最令人作呕的一个视频。"他们想传达这样一个信息，直接参与打击行动的军事人员一旦被活捉就会遭到残酷杀害，从而打击周边国家的反恐意志和决心。"但 IS 这次显然错估了后果。

曾潜心钻研特种作战

1962 年出生的阿卜杜拉二世，本名阿卜杜拉·本·侯赛因，是老国王侯赛因与其第二任妻子穆娜王妃所生的长子。侯赛因国王先前只有一个和前妻所生的女儿，作为国王长子的阿卜杜拉理应自动成为王位继承人，但考虑到约旦和周边局势不稳，深为前途担忧的侯赛因国王遂于 20 世纪 60 年代另立其弟哈桑亲王作为王储。

为了锻炼儿子的本领，侯赛因国王把年仅四岁的阿卜杜拉送去英国接受教育，而且特别要求侧重军事教育。1980 年，年轻的阿卜杜拉考入英国桑赫斯特皇家军事学院，并先后获得直升机飞行员、伞兵和蛙人三重资格。1981 年，已是陆军少尉的阿卜杜拉自愿前往联邦德国，在英国第 13/18 轻骑兵团服役，在冷战对峙的前沿接受历练。1984 年，阿卜杜拉进入约旦军队。在老国王的要求下，国防大臣把阿卜杜拉安排在陆军第 40 装甲旅担任排长。在这支约旦陆军的主力部队中，阿卜杜拉踏实历练，一步步干到营长的职位。

1986 年，已是陆军少校的阿卜杜拉被调到约旦空军武装直升机队，职务是战术指导。两年后，阿卜杜拉担任约旦皇家特别行动部队指挥官，并晋升上校军衔。需要强调的是，约旦王室和这支特别行动部队有着密切的关系，阿卜杜拉的弟弟——费萨尔王子之前就在该部队担任过空军中队指挥官，而且该部队所有成员均来自追随哈希姆家族打天下的贝督因部落，素有"王国近卫军"之称。

作为特别行动部队的指挥官，阿卜杜拉对突击队战术和空降技术的研究几乎到了痴迷的地步，他曾独创一个训练项目锤炼士兵的快瞄快射本领，具体要求是：五名队员携带两支步枪、一支狙击枪，跑完 10 千米山路（有些路段坡度超过 60 度），然后快速举枪射击移动目标，如果没能打中目标，队员需要往返 40 米再次射击。有意思的是，该项训练如今已成为约旦举办的"勇士竞赛"国际特种兵比武的固定内容。

1998 年，阿卜杜拉被任命为约旦特种部队司令，同时晋升少将。1999 年 1 月 25 日，病危的侯赛因国王在病床上废黜王储哈桑，正式册立阿卜杜拉为继承人。同年 2 月 7 日，侯赛因国王死于癌症，阿卜杜拉成为约旦国王，同时他依照宪法自动成为三军总司令。

努力追求"自主国防"

在中东地缘政治版图上，约旦曾是阿拉伯世界与以色列军事对抗的前线，如今又身处中东反恐战争的最前沿。阿卜杜拉二世通过"平衡外交"，既与周边大多数阿拉伯国家和睦相处，也与欧美和以色列交好。约旦也因此获得了美国的援助，为国家安全添了一把"保护伞"。

不过，阿卜杜拉二世绝不希望自己的国家依赖别人的保护，仍然追求"国防自主"。自登基以来，他总是亲自过问国防建设，甚至自掏腰包，成立"阿卜杜拉二世武器设计和发展局"（KADDB）。2001 年 3 月的阿布扎比防务展上，阿卜杜拉二世亲自带着 KADDB 设计的 AB14 重型步兵战车来到会场，并邀请阿联酋总统扎耶德同乘战车，感受约旦军工部门的实力。不仅如此，他还根据自己指挥特战部队的心得，责成 KADDB 研制出一系列适合沙漠作战的新装备（如全地形车、反叛乱飞机等），这些装备在打击 IS 的国际军事行动中颇受外军好评。

俄罗斯《生意人报》认为，拥有强大忠诚的军队，是阿卜杜拉二世得以度过"阿拉伯之春"动荡岁月的重要保证。约旦积极追随美国打击 IS，未来势必得到西方国家的更多援助，令其地缘政治地位进一步上升。不过，约旦并非没有隐忧，该国一半人口是巴勒斯坦人，他们认为约旦王室不应坐视巴勒斯坦被占领土遭受以色列蹂躏。另一方面，约旦充当美国和海湾阿拉伯君主国干涉叙利亚内战的"大本营"，无形中得罪了支持叙利亚现政权的伊朗。阿卜杜拉二世能否带领约旦走出中东和平的雷区，仍需拭目以待。

现代军事人物

哈迪

文 — 雷炎

"军界不倒翁" 引外援保江山

记流亡沙特的也门总统兼三军总司令
哈迪

2015 年初，崛起于也门北部的胡塞民兵打进首都萨那，总统哈迪先是被民兵软禁，后又奇迹般逃脱，撤到亚丁重建政府，并引来海湾阿拉伯国家武装干涉。然而，即便如此，支持哈迪的武装力量依然在内战中处于下风，就连哈迪本人也被迫暂时避居沙特。不过，有专家指出，哈迪堪称也门政坛的"三朝元老"，尤其在军界拥有一定的人脉，是个不折不扣的"不倒翁"，说他到了山穷水尽的地步，仍为时尚早。

首次内战　逃亡北方

阿卜杜·拉布·曼苏尔·哈迪，1944 年出生于也门南部阿比扬省的图卡因。在他年幼时，也门处于南北分治状态，南部濒海地带和石油产区是英国统治下的亚丁保护地，而北部贫瘠山区则归巴德尔王朝管辖。1962 年，以萨拉勒为首的自由军官组织效仿埃及发动革命，推翻巴德尔王朝，成立阿拉伯也门共和国（北也门），且革命风潮很快波及到亚丁保护地。当时哈迪虽然参加了英国人领导的"征召警卫队"（殖民地武装），但他内心却希望也门能够实现独立统一。1966 年，哈迪被殖民当局送到英国留学，尽管上司的本意是培养亲英的精英分子，但哈迪早已是"身在曹营心在汉"。

1967 年英国被迫放弃亚丁保护地，也门民主人民共和国（南也门）宣告成立，原"征召警卫队"被改编为人民军，哈迪成为一名少校军官。南也门独立后积极追随埃及对抗以色列，包括哈迪在内的大批军人被送到埃及学习军事，并参加埃及军队。哈迪曾获得埃及纳赛尔高等军事学院硕士学位，并在 1973 年作为一名装甲部队军官，参加了横渡苏伊士运河，突破"巴列夫防线"的战斗。1977 年，哈迪又被派到苏联伏龙芝军事学院学习。三年后，哈迪回国，进入南也门陆军坦克部队担任上校指挥官。当时，曾有海外留学经历并拥有丰富实战经验的哈迪俨然是南也门军队里的一颗新星。

1986 年，南也门爆发政变，继而发生内战，国家元首阿里·纳赛尔战败，逃到阿尔·哈尔特基地时，身边卫兵不到 200 人。就在纳赛尔弹尽援绝之际，哈迪率敢死队救出纳赛尔及其亲信，一起流亡到北也门。

也门统一　打回南方

1986 年的内乱让南也门元气大伤，1.2 万人死亡，3 万人逃到北也门，只能依靠苏联的军援才能维持与北也门的军事平衡，而得到北也门庇护的纳赛尔、哈迪等人则时刻想着如何打回亚丁，重掌政权。1990 年，已无力支援南也门的苏联寻求"体面地离开"，在苏联和阿拉伯联盟的斡旋下，南也门与北也门签署合并协议，北也门总统萨利赫被确定为新国家的总统，而南也门领导人宾迪赫任副总统。按照计划，统一的也门共和国将在 30 个月内完成政府机构及经济体系的整合，之后议会和政府将在萨那办公。

然而，接下来的事态发展开始偏离原南也门方面期望的轨道，萨利赫将南也门流亡人士安插到新政府的重要岗位上，特别是安排哈迪接管南也门军队，令南也门人极为反感。1993 年 8 月，宾迪赫回到亚丁，并在沙特支持下寻求"再度独立"，而萨利赫则在哈迪等人的帮助下积极备战。1994 年 4 月 27 日，南北也门军队在阿姆兰省爆发激战，哈迪所指挥的坦克军团旗开得胜；5 月 4 日，南也门空军轰炸了萨那，北也门空军则以轰炸亚丁作为回应，萨利赫随即颁布紧急状态法令，并将宾迪赫解职，也门内战公开化。

在随后的战斗中，哈迪协助萨利赫运筹帷幄，使得战局迅速朝有利于北也门的方向发展。5 月中旬，得到埃及和利比亚援助的北也门军发动进攻，很快攻占能源城市阿塔克。尽管中途有联合国安理会发布第 924 号决议，要求双方停火和结束战争，但停火只维持了 6 小时。7 月 7 日，北也门军开进亚丁，宾迪赫等人逃亡海外，萨利赫政府形式上统一了全国。战后，哈迪被任命为副总统兼国防部长，并很快晋升少将。

无力掌控　再度"失国"

在萨利赫统治时期，哈迪行事低调，始终处于核心权力圈边缘，很少公开亮相。一些分析人士认为，萨利赫当时初步平定南方，需要展现和解姿态，哈迪来自南方，因此成为展示南北"均势"的象征性人物。

2011 年"阿拉伯之春"席卷中东，也门总统萨利赫被迫交权，以副总统哈迪为首的军事委员会管理国家，哈迪就此成为也门政坛的核心人物。然而，哈迪早已不复当年之勇，多达 10 万人的政府军受地方实权派控制，什叶派胡塞武装也在北部建立了根据地，并迅速壮大。2015 年 1 月，胡塞武装占领首都萨那，软禁哈迪。尽管哈迪后来被卫队救出，并逃到南方城市亚丁重建政府，试图挽回危局，但已无力控制局面。

有分析人士指出，也门约有 200 个较大部族，主要分为四个部落联盟——哈希德、贝克尔、哈卡和穆兹哈，全国约 70% 的地区掌握在部族或分离组织手中。哈迪之所以失去政权，关键是失去了部落大佬的支持，国法政令难出首都。地盘横跨北方三省、拥有 10 万民兵的哈希德部落联盟不仅坐看支持哈迪的政府军与胡塞武装火拼，甚至暗中向胡塞民兵提供武器。另一方面，由于过去背叛南也门的"不光彩历史"，哈迪在亚丁等地的支持率也不高。

有分析称，对于也门内战，以沙特为首的海合会国家也很为难。一方面，哈迪"失国"已是既成事实，即便外国联军助其恢复权力，要想控制国内局势也很困难；另一方面，更让沙特情报部门担心的是，除了什叶派胡塞武装，活跃于也门多省的"基地"组织也可能借机坐大，利用部分民意，在也门形成一个"反沙特中心"，进而威胁沙特的国家安全。

穆罕默德·本·萨勒曼

"最年轻防长"谋求多边安全合作

记沙特国防大臣
穆罕默德·本·萨勒曼

文

———

蜀东朔

随着 2015 年初萨勒曼·本·阿卜杜拉·阿齐兹（后文简称萨勒曼）登基即位，成为沙特国王兼首相，沙特国内更换了一批官员，其中最受外界关注的人莫过于世界上最年轻的国防大臣——国王的儿子穆罕默德·本·萨勒曼（后文简称穆罕默德）。事实上，出生于 1985 年的穆罕默德不仅担任国防大臣，还兼任国务大臣和国家经济发展事务委员会主席，是掌管国防、外交、经济发展的重臣，甚至有西方媒体分析称，穆罕默德未来有望成为国王。

父王得力助手

1985 年，穆罕默德出生于利雅得，是国王萨勒曼与第三个妻子所生的孩子。受家庭氛围熏陶，穆罕默德是虔诚的逊尼派教徒，他还接受过良好的教育，曾获得沙特国王大学法学学士学位，拥有丰富的法律知识。

穆罕默德长期追随父亲萨勒曼左右，是其得力助手。萨勒曼曾在 1963 年 2 月—2011 年 10 月担任利雅得省长，通过吸引外资发展经济和开发旅游业使利雅得从中等城市发展成世界性大都市。其中，穆罕默德起了重要的沟通和协调作用。2012 年 6 月，萨勒曼出任王储、副首相兼国防大臣，穆罕默德又成为父亲的"一号顾问"。在萨勒曼的政治生涯中，穆罕默德为其出谋划策，尤其是在与美欧国家交往的过程中，穆罕默德屡屡"替父出征"，在西方世界赢得口碑，为沙特营造了良好的外部环境，同时在处理国内经济和政治关系时，穆罕默德也非常注重兼顾各部族利益，使沙特王室继续拥有极高的威望。

除了长期跟随父亲参加各类活动外，穆罕默德还在 2011 年组建了以自己名字命名的青年基金会，并担任萨勒曼青年中心主任和利雅得竞争中心的秘书长，关心沙特青少年的成长，进一步为国家培养人才。

贯彻"强军战略"

在国防建设问题上，穆罕默德似乎比父王更有"大国防"观念，特别强调军事外交对国家安全的影响。据卡塔尔半岛电视台报道，穆罕默德成为国防大臣兼国务大臣（相当于外交部长）后，经常安排两大部门的主管集体开会协调，对国家及中东地区的重大安全事务作出"明确而适当的反应"。在邻国也门内乱问题上，穆罕默德强调要用"软硬两手"表达沙特及其所在的海湾合作委员会（GCC）的"安全诉求"，这被外界视为沙特向中东另一大国伊朗"叫板"。

有分析称，作为中东最具地缘政治影响力的两个大国，分别代表逊尼派和什叶派利益的沙特和伊朗存在着深层次的教派矛盾，双方都想获得中东事务的主导权，尤其是在叙利亚内战、也门内战、黎巴嫩真主党等问题上，沙伊两国间的"代理人斗争"难以避免。

在建军思想方面，穆罕默德与其父一脉相承，一方面用出口能源换来的外汇从西方国家采购先进装备，维持军队现代化；另一方面努力建立国防工业，强调"两条腿走路"。

就沙特三军总体情况而言，沙特空军的装备现代化程度最高，并且在近几个月针对 IS 的空袭行动中显示出威力。据美国《航空周刊》报道，沙特空军拥有各型飞机数百架，主力战斗机以美欧装备为主，包括 181 架美制 F−15C/D/S 战斗机（2012 年追加采购 84 架 F−15SA 战斗机）、120 架欧洲"狂风"战斗机（它们正逐步被新采购的 72 架欧洲"台风"战斗机取代）、5 架 E−3 预警机等。其中，沙特空军拥有 181 架美制 F−15C/D/S 战斗机使其成为继美国空军、日本航空自卫队之后第三大 F−15 战机用户，甚至比近邻以色列空军（现役 83 架 F−15）多出近 100 架，战斗力在中东地区可谓首屈一指。值得一提的是，沙特当初与美国波音公司、欧洲战斗机公司进行的战斗机采购谈判，不少是由穆罕默德牵头组织并给予指导。

专家分析，在打击极端组织 IS 的问题上，沙特与美国虽然继续保持合作，但沙特更希望美国冲在前面，海湾阿拉伯国家提供协助，这与美国"借盟国反恐"的战略意图完全不同，因此双方存在一些龃龉。但沙、美两国保持了长达 70 年的友好关系，不可能因为这件事翻脸，况且沙特军队严重依赖美国的军火和人员培训。有鉴于此，身为国防大臣的穆罕默德仍将维护与美国友好军事关系，但他不会一味顺从美国的意愿，力求通过多边安全合作，引入其他大国的影响力，为沙特谋求更优越的安全环境。

苏卜希

文 — 雷炎

巨额军购提升"法老军团"战斗力

记埃及国防部长
西德基·苏卜希上将

2015 年 10 月 10 日，埃及与法国签署巨额军购合同，接手两艘法国原为俄罗斯建造的西北风级两栖攻击舰。埃及国防部长西德基·苏卜希出席签字仪式，并与法国国防部长勒德里昂就加强合作进行了探讨。

当前，埃及安全压力不小，极端组织"伊斯兰国"（IS）积极向埃及渗透，IS 分支"耶路撒冷支持者"（ABM）甚至击沉埃军快艇。与此同时，埃及还要参加沙特主导的武装干涉也门行动。面对复杂局势，有着"法老军团"之称的埃及武装力量加快了装备现代化步伐，以提升战斗力。

欲当阿盟联军主力

由于乌克兰危机，在美国和欧盟的压力下，法国政府撕毁向俄罗斯出售西北风级舰的合同，结果俄方索赔 10 亿欧元。为了替两艘完工的西北风级舰寻找新买家，法国国防部长勒德里昂亲自出马，希望早点把它们推销出去。功夫不负有心人，得益于法国优惠的卖方信贷，加上沙特阿拉伯等海湾富国愿意提供资金援助，埃及国防部终于同意采购西北风级舰，以强化埃及海军在东地中海和红海的控制能力。据悉，西北风级舰除执行两栖登陆、侨民撤运和部队投送等任务，还可承担后勤支援运输、医疗救护等任务。尤其值得一提的是，该舰建有指挥控制通信室，可作为海上指挥所，搭载指挥参谋班子指挥海战。

专家分析，埃及购买西北风级舰，可能与阿拉伯联盟成立联合部队有关。8 月 27 日，阿盟特别会议通过成立阿拉伯国家联合武装力量的议定书，未来联军的任务将包括打击 IS 以及"受伊朗支持的武装"。目前，沙特正领导着多国联军打击亲伊朗的也门胡塞武装，埃及也出兵助战。埃及军事专家贝哈吉·哈利勒称，阿盟联军一旦形成，主要依靠沙特、埃及等强国牵头，其他国家参与，因此埃及急于提升军备，从而确保自身的领袖地位。

另一方面，苏卜希领导的埃军不仅要"攘外"，还要忙于"安内"。自从2011 年埃及局势动荡以来，极端组织趁机扩张势力，尤其 ABM 分子利用贝都因土著部落对中央政府的不满，在西奈半岛"划地称王"。2015 年 1 月以来，他们向埃军发起多轮进攻，特别是 7 月 1 日，ABM 同时向埃军 15 座检查站发动袭击，时间长达数小时。7 月 17 日，ABM 分子动用走私的俄制"短号－E"

反坦克导弹，在拉法附近水域击毁一艘埃军快艇，埃及举国震惊。为了镇压ABM，苏卜希调动了上万军队前往西奈半岛，他曾向外界表示："无论极端组织成员有多少，力量有多强，我们都能消灭他们。"为了证明这一点，苏卜希批准埃及空军出动 F-16 战斗机，对 ABM 控制的西奈祖瓦耶德酋长区进行多轮毁灭性空袭。

"非洲儒将"经历战火

1955 年，苏卜希出生在开罗一个逊尼派家庭，1976 年毕业于埃及军事学院，获得军事学学士学位，同时被授予少尉军衔。在校期间，苏卜希与低一年级的校友塞西关系密切，两人结下深厚的友谊。苏卜希在埃及陆军中的发展较为顺利，先后担任机械化步兵排长、连长、营长、师长、第 3 军作战处长、参谋长等职，军衔一路升至少将。让基层官兵服气的是，苏卜希绝不是高高在上的长官，他能与战士们同甘共苦。据说在 1990 年海湾危机期间，苏卜希率部前往沙特助战，自己还亲自驾驶装甲车指挥战斗，鼓舞部队士气。

作为埃及少壮派军官的代表，苏卜希有丰富的海外留学经历。2004—2005年，苏卜希在美国陆军战争学院进修训练计划、战争和战略研究课程，由于成绩优异，他拿到了美国陆军基础步兵奖学金和高级步兵奖学金，最终获得硕士学位。有意思的是，他的毕业论文《美国在中东的角色》，曾引起小小的风波：这篇文章呼吁美国放弃在中东的军事存在，不要无原则地赞助以色列，称"忽视乃至践踏阿拉伯民族利益"对美国也是重大伤害。

苏卜希还率先提出所谓"善实力"概念，建议美国集中精力向阿拉伯国家提供经济与社会援助，改善美国在广大阿拉伯民众心目中的负面印象，其含义与近几年美国大谈的"巧实力"非常相似。他的论文一经发表，立刻受到美国国防部重视，五角大楼特意将此文张贴在官方网站上，引来许多政治分析人士"围观"。但美国中东问题专家伊萨德尔·阿姆拉尼却将其视为埃及军界高层出现"脱美倾向"。

回国后，苏卜希自愿前往驻苏伊士运河一线的埃及第 3 军工作，并于2009 年成为军长，军衔升为中将。熟悉埃及历史的人都知道，第 3 军地位特殊，1973 年第四次中东战争期间，第 3 军率先突破号称"不可摧毁"的以军

"巴列夫防线"，把国旗插到苏伊士运河东岸，被整个阿拉伯世界赞誉为"第一主力"，能成为这支部队的指挥官，苏卜希的个人才干可见一斑。

就在苏卜希干得风生水起之际，另一位埃及军界强人塞西则在国防部、驻外使馆以及北方军区等岗位上步步高升，并最终出任国防部长。值得一提的是，苏卜希和塞西是埃及军内公认的"改革派"，"相似的军旅经历让他们在很多方面形成相同的观点，"英国国际战略研究中心一位学者称，"这构成了苏卜希与塞西合作的基础，我认为他们的最终目的是一致的。"2013年7月，埃及国防部长塞西发动政变，推翻总统穆尔西。紧接着，2014年6月，塞西卸下军职，出任埃及总统，他选择的国防部长就是苏卜希，并将其军衔升为上将。埃及媒体在报道中使用了"肩并肩"一词，称在处理"危及埃及国家政治安全"的危机中，苏卜希坚定地与塞西站在一起，"他们肩并肩地共同应对不可预知的挑战"。

专家指出，作为塞西在军中的代表，苏卜希目前"最神圣的任务"是确保国家的稳定与安全，不过完成这项任务并非易事。苏卜希曾在军内讲话中强调，埃军当前战斗力水平不高，不足以应对各种安全威胁，这似乎能够解释他为什么如此热心地推动大额军购，而实际上，目前埃及国家手头上并不宽裕。